LEGO®-Filme
selbst drehen

Stop-Motion-Technik lernen und gekonnt einsetzen

David Pagano • David Pickett

David Pagano
David Pickett

Lektorat: Gabriel Neumann
Copy-Editing: Sandra Gottmann
Übersetzung & Satz: G&U Language & Publishing Services GmbH, www.gundu.com
Herstellung: Susanne Bröckelmann
Umschlaggestaltung: Helmut Kraus, www.exclam.de
                    nach der Originalvorlage von No Starch Press
Druck und Bindung: Schleunungdruck GmbH, Marktheidenfeld

Bibliografische Information der Deutschen Nationalbibliothek
Die Deutsche Nationalbibliothek verzeichnet diese Publikation in der Deutschen Nationalbibliografie; detaillierte bibliografische Daten sind im Internet über http://dnb.d-nb.de abrufbar.

ISBN:
Print   978-3-86490-434-9
PDF   978-3-96088-099-8
ePub   978-3-96088-100-1
mobi   978-3-96088-101-8

1. Auflage 2017
Copyright © 2017 dpunkt.verlag GmbH
Wieblinger Weg 17
69123 Heidelberg

Copyright © 2017 by David Pagano and David Pickett.
Title of English-language original: The LEGO Animation Book: Make Your Own LEGO Movies!,
ISBN 978-1-59327-741-3, published by No Starch Press.
German-language edition copyright © 2017 by dpunkt.verlag. All rights reserved.

Für Steph, einen leidenschaftlich treuen Freund. Es wird dich freuen zu hören, dass ich immer noch dabei bin!

– David

Für Bert – für deine Liebe, deine Geduld und deine Unterstützung.

– Dave

Inhaltsverzeichnis

Geleitwort

Als David Pagano 2007 seinen Film »Little Guys!« vorstellte, da staunte ich nicht schlecht über die imposanten und professionell animierten Figuren. Mit seinem für Brickfilme vollkommen neuartigen Stil war »Little Guys!« ein Meilenstein. Wenige Jahre zuvor hatte ich in einem Artikel erstmals über Leute gelesen, die LEGO-Steine als Material für Animationsfilme verwenden. In einem amerikanischen Internet-Forum diskutierten schon damals Filmemacher aller Altersgruppen über die technischen und künstlerischen Aspekte dieser Kunstform. Als ich mich an die filmreifen Abenteuer erinnerte, die ich als Kind in meiner Fantasie und mit LEGO erlebt hatte, wusste ich sofort, dass ich dabei sein muss! Mit der Zeit wurde die Gemeinschaft der Brickfilmer immer größer. Dabei entstand im deutschsprachigen Raum eine beachtenswerte Szene: Auf *www.brickboard.de* entwickelte sich ein eigenes Forum, und die besten Filme werden jedes Jahr auf der »Steinerei«, dem Brickfilm-Festival, in wechselnden Städten gekürt.

Obwohl die Brickfilm-Technik keine Geheimwissenschaft ist und du im Internet Erfahrungen austauschen kannst, ist es mühsam, sich die Grundlagen des Animationsfilms selbst zu erarbeiten. Umso mehr freue ich mich für dich und die nächste Generation angehender Brickfilmer, dass dieses Buch für dich zur Verfügung steht. Aber auch geübte LEGO-Regisseure lernen hier dazu und erfahren alles über die »PaganoPuppets«, mit denen die Autoren selbst Brickfilm-Geschichte schrieben.

Mirko Horstmann
Admin von www.brickboard.de

Mein Tipp: Fange klein an! Mit einem Smartphone und einer LEGO-Sammlung hast du schon alles, um einen einfachen Brickfilm zu drehen. In diesem Buch zeigen dir Profis, wie es dann weitergeht.

Einleitung

Du stehst kurz davor, in die Welt der LEGO-Animation und des Filmemachens einzusteigen. Von hier an wird es immer merkwürdiger werden – und immer mehr Spaß machen!

Wir wollten das definitive Lehrbuch für Menschen aller Altersstufen und Erfahrungen schreiben, vom achtjährigen YouTuber bis zum 45-jährigen AFOL (»Adult Fan Of LEGO«, also erwachsener LEGO-Fan) und darüber hinaus. Wir haben das Buch so aufgebaut, dass du es nicht unbedingt in einem Rutsch von vorn nach hinten lesen sollst. Allerdings würde es uns freuen, wenn du das tun würdest.

Wenn LEGO-Animation etwas ganz Neues für dich ist, solltest du wirklich mit Kapitel 1 anfangen, das einige Grundprinzipien vorstellt, mit denen du deine ersten Schritte machen kannst. Bist du dagegen schon ein engagierter Hobby-LEGO-Animator, dann bist du wahrscheinlich eher auf der Suche nach Kapiteln über bestimmte Fähigkeiten, die du verbessern möchtest. Blättere das Buch durch, überspringe einzelne Abschnitte, lies es im Kopfstand. Wir sind dir nicht böse.

Wenn du zwischendurch das Gefühl bekommst, dass du die Lektüre unterbrechen und mit der Animation anfangen solltest, dann mach das. Keine schriftliche Erklärung kann praktische Erfahrung ersetzen. Wir warten hier, bis du uns wieder brauchst.

Aber vielleicht fragst du dich jetzt, wer »wir sind«. Auf der folgenden Seite wollen wir uns vorstellen!

Dieses Buch kannst du so nutzen, wie es dir am besten passt. Allerdings raten wir davon ab, es zu essen.

David Pagano

Geboren: 1985
Zweiter Vorname: Michael
Brillenträger: Ja
Bart: Meistens

Erste LEGO-Animation: 1995
Bevorzugt mit LEGO gebaute Spezialeffekte gegenüber Computeranimation: Immer
Platzierung im LEGO-Animationswettbewerb »Built by Me« bei den Nicktoons 2008: Zweiter Platz (geteilt)

Hi! Ich bin David Pagano, die eine Hälfte des Autorenduos hinter diesem Buch. Ich leite das Studio Paganomotion, in dem mein Team und ich Stop-Motion-Kurzfilme, Werbespots und Musikvideos drehen. Seit 2007 haben wir Dutzende von LEGO-Animationen gedreht, die auf LEGO.com, YouTube, Disney XD und Nickelodeon und ca. zwei Sekunden lang auch beim Höhepunkt des Films *The LEGO Movie* zu sehen sind. Vielleicht kennst du auch einige meiner eigenen Filme wie *Little Guys!* oder *Playback* (in denen ich die großmaßstäblichen Figuren aus Kapitel 5 eingeführt habe).

David Pickett

Geboren: 1985
Zweiter Vorname: Michael
Brillenträger: Ja
Bart: Selten

Erste LEGO-Animation: 1998
Bevorzugt mit LEGO gebaute Spezialeffekte gegenüber Computeranimation: Immer
Platzierung im LEGO-Animationswettbewerb »Built by Me« bei den Nicktoons 2008: Zweiter Platz (geteilt)

Hallo! Ich bin David Pickett, und ich bin ganz aufgeregt, dass ich dir etwas über Animation beibringen kann! Ich bin ein autodidaktischer Animator ohne formale Ausbildung, aber das hat mich nicht daran gehindert, preisgekrönte LEGO-Animationen wie *Nightly News at Nine*, *Metamorphosis* und *Choose Your Own Storyline: The Fight for Paradise Hills* zu drehen. Am bekanntesten ist mein YouTube-Kanal BRICK 101, in dem ich alle meine Animationen, eigenen Modelle und Rezensionen zu LEGO-Kästen veröffentliche.

Die Stars von *The Magic Picnic*: Anna, Matt und Shaun (der Picknickkorb)

Der Begleitfilm

Es gibt noch zwei weitere wichtige Personen, die du kennenlernen musst, nämlich Anna und Matt. Sie sind hier, um die Techniken der LEGO-Animation zu veranschaulichen. Aber sie sind mehr als nur zwei hübsche Gesichter – sie sind gleichzeitig auch die Hauptfiguren eines Kurzfilms, den wir für dieses Buch produziert haben: *The Magic Picnic*.

Praktisch jede einzelne Einstellung in diesem Film führt ein wichtiges Prinzip der LEGO-Animation oder eine Idee vor (wobei einige ziemlich einfach sind; wir fanden sie einfach nur cool). Du kannst dir den Film ansehen, bevor du das Buch liest, um die Geschichte zu genießen und dir zeigen zu lassen, was mit LEGO-Animation alles möglich ist. Später kannst du dir den Film dann mit deinen neu erworbenen Kenntnissen erneut anschauen, um zu sehen, wie die Vorgehensweisen, die wir in diesem Buch besprochen haben, auf dem Bildschirm aussehen.

Den Film *The Magic Picnic* findest du auf der Begleitwebsite zu diesem Buch auf *https://www.nostarch.com/legoanimation/*.

Ein Wort zur LEGO-Animation

Wenn wir über *LEGO-Animation* oder *Brickfilme* reden, dann meinen wir damit etwas ganz Bestimmtes, nämlich Stop-Motion-Animationsfilme, die mithilfe von LEGO-Elementen hergestellt wurden.

Die *Stop-Motion*-Animationstechnik ist fast so alt wie das Kino selbst. Dabei werden viele Einzelbilder eines Objekts aufgenommen. Der Animator bewegt das Objekt nach der Aufnahme jedes Bilds ein kleines Stück. Wenn die Bilder anschließend in rascher Folge nacheinander betrachtet werden, ergibt sich die Illusion einer Bewegung (ähnlich wie bei einem Daumenkino).

Die LEGO-Animation ist ein *Medium* (wie Realfilm, Fotografie, Malerei oder Schriftstellerei), kein *Genre* (wie Komödie, Drama, Action- oder Liebesfilm). Es gibt alle möglichen Arten von Brickfilmen – Geschichten, Musikvideos, Werbespots, Lehrvideos usw. Es gibt aber auch einige Dinge, die wir *nicht* meinen, wenn wir »LEGO-Animation« sagen: computergenerierte Animationen von LEGO-Steinen und -Figuren oder Realfilme von LEGO-Modellen, die von Menschen bewegt werden.

Mit den Begriffen *Animator* oder *Brickfilmer* bezeichnen wir alle Personen, die LEGO-Animationen herstellen. LEGO-Filmemacher sind heutzutage Kinder und Erwachsene, Jungs und Mädchen, Eltern, Lehrer, Studenten usw. Vielleicht hältst du dich selbst noch nicht für einen Animator oder Filmemacher, aber unser Ziel besteht darin, das zu ändern. Fangen wir also an!

Eine Stop-Motion-Bildfolge. Beachte die winzigen Änderungen, die zwischen den einzelnen Bildern vorgenommen wurden.

Jeder kann ein LEGO-Animator sein!

1 Die Grundlagen

LEGO-Animation lässt leblose Objekte aus Plastik zum Leben erwachen! Wenn dies dein erster Vorstoß in die Welt der Brickfilme ist, dann heißen wir dich herzlich willkommen! In diesem Kapitel lernst du die grundlegenden Fähigkeiten, die du für eine erste Animation benötigst. Die anderen Kapitel bauen hierauf auf und helfen dir, ein richtiger Animationsprofi zu werden!

Was du brauchst

Da Digitalkameras von Jahr zu Jahr billiger und leistungsfähiger werden, ist es nicht schwer, die erforderliche Hardware zum Drehen von Brickfilmen zu beschaffen. Es ist nicht nötig, viel Geld für eine ausgefeilte Ausrüstung auszugeben. Praktisch alles, was du brauchst, hast du wahrscheinlich ohnehin schon im Haus.

Schreibtischlampen

Grundplatten

Kreppband

Verschiedene Steine

Tonkarton

Minifiguren

Kamera

Für die LEGO-Animation kannst du eine beliebige Kamera verwenden. Für Anfänger ist ein Smartphone die einfachste Möglichkeit.

Schritt 1: Schnapp dir eine Kamera

Das wichtigste Werkzeug, um die von dir gestalteten Welten aufzunehmen, ist die Kamera. Für deine ersten Animationen verwendest du am besten ein Smartphone oder ein Tablet mit der App *Stop Motion Studio* von Cateater (erhältlich für iOS-, Android- und Windows-Geräte). Wenn du die technische Ausrüstung möglichst einfach hältst, kannst du dich besser auf das konzentrieren, was Spaß macht: nämlich die Animation.

Hast du kein Smartphone, so kannst du jede beliebige andere Kamera nehmen, deren Handhabung dir liegt. Das kann eine einfache Kompaktkamera, eine anspruchsvolle digitale Spiegelreflexkamera oder sogar eine Webcam sein. Solange die Kamera Bilder aufnehmen kann, kannst du damit auch Animationen erstellen. Eine ausführlichere Besprechung der verschiedenen Arten von Kameras findest du in Kapitel 6.

Falls du eine brandneue Kamera verwendest, mit der du dich noch nicht vertraut gemacht hast, solltest du die Bedienungsanleitung lesen oder dir Online-Tutorials ansehen, um die Grundfunktionen beherrschen zu lernen. Wer viel Ehrgeiz hat, kann auch einen Fotografiekurs besuchen.

Schritt 2: Richte dein Studio ein

Als Nächstes richtest du dein Animationsstudio ein. Suche dir eine flache, stabile Oberfläche aus, auf der du bequem arbeiten kannst. Ein normaler Tisch oder Schreibtisch ist ideal geeignet. Dies ist deine *Animationsbühne*.

Stelle deine Animationsbühne dort auf, wo sie nicht im Wege ist, am besten in einem Raum mit möglichst wenigen Fenstern und mit einer Tür, die du abschließen kannst. Die Stop-Motion-Anlmation ist eine sehr empfindliche Ange-

legenheit, die man lieber nicht in einem Raum mit regem Durchgangsverkehr ausführt. Achte auch darauf, dass genügend Steckdosen in Reichweite sind, um deine Lampen, deine Kamera, deinen Computer usw. anzuschließen.

Wenn du alles eingerichtet hast, mach es dir gemütlich – denn du wirst dich immer für sehr lange Zeiträume an diesem Platz aufhalten.

Es sollte möglich sein, schon im Licht der Deckenlampen brauchbare Bilder aufzunehmen. Wenn du über zwei Schreibtischlampen verfügst, kannst du sie ebenfalls hinzunehmen. Du solltest die Beleuchtung so gut steuern können wie möglich.

Stelle die Kamera so auf, dass sie etwa auf gleicher Höhe ist wie die Animationsbühne. Das kannst du mithilfe eines Stativs oder eines Kamerahalters erreichen (mehr dazu in Kapitel 6). Hast du so etwas nicht? Dann bau dir einfach deinen eigenen Kamerahalter aus LEGO-Steinen! (Woraus auch sonst?)

Sei vorsichtig mit den Lampen, denn sie können ziemlich heiß werden. Bitte einen Erwachsenen um Hilfe. (Wenn du ein Erwachsener bist, bitte dich selbst um Hilfe.)

Bau deinen Kamerahalter nicht komplizierter als nötig!

Einen Kamerahalter bauen

1. Nimm dir eine Grundplatte und eine Handvoll Steine. (Die Farbe ist ganz egal.)
2. Stelle die Kamera auf die Grundplatte.
3. Baue eine Konstruktion um die Kamera auf, um sie an Ort und Stelle festzuhalten. Achte darauf, dass du die Bedienelemente und das Objektiv nicht zubaust!
4. Befestige die Grundplatte anschließend mit Klemmen oder Kreppband auf deiner Animationsbühne.

Mehr Figuren bedeuten mehr Arbeit. Fange klein an und arbeite dich hoch.

Baue eine Szene auf

Jetzt kommen wir zu dem unterhaltsamen Teil: Baue deine erste Szene auf! Fantasie ist eine der wichtigsten Gaben eines Animators. Vielleicht hast du schon alle möglichen verrückten Ideen für Dinge, die du gern animieren möchtest. Für deine erste Animation empfehlen wir dir jedoch, die Sache einfach zu halten. Je mehr in einer Szene passiert, umso mehr Zeit brauchst du für die Animation. Anstatt dich gleich an eine Schlacht epischer Breite zwischen Dutzenden von Robotern und Cheerleaderinnen zu wagen, solltest du dich zunächst auf einen Roboter und eine Cheerleaderin beschränken, die einige einfache Dinge tun.

Auch den Hintergrund deiner ersten Animation solltest du möglichst einfach halten. Beispielsweise kannst du eine einfache Grundplatte vor einem Stück Tonkarton oder einem offiziellen LEGO-Modell verwenden.

Wenn du die Szene eingerichtet hast, musst du alles fixieren, was sich nicht bewegen soll (den Kamerahalter, das Set usw.). Dazu kannst du Klemmen, Kreppband oder Kitt verwenden. Jetzt bist du bereit, mit der Animation anzufangen!

Für den Himmel in *The Magic Picnic* haben wir einen Bogen himmelblauen Tonkarton im Format 50 cm x 75 cm verwendet.

„Bereit, mit der Animation anzufangen"? Ja, sicher – allerdings schreibe ich lieber erst ein Drehbuch, zeichne Skizzen, erstelle das Storyboard und plane meinen Film in allen Einzelheiten.

Planung ist gut und schön, aber manchmal muss man einfach ins kalte Wasser springen. Bei den meisten meiner Frühwerke habe ich die Geschichte einfach während der Animation entwickelt. Für die Aufnahmen habe ich auch keine Animationssoftware verwendet. Meiner Meinung nach ist es wichtiger, Spaß zu haben und mit dem Animieren anzufangen, als alles komplett vorbereitet zu haben.

Schritt 3: Animiere!

Damit kommen wir endlich zu dem, worauf du gewartet hast, nämlich zur Animation! Arrangiere deine Figuren (oder was immer du animieren möchtest) vor der Kamera und nimm ein Bild auf. Bewege die Figur ein kleines bisschen und nimm ein weiteres Bild auf. Wiederhole diese Schritte, bis du alle gewünschten Bewegungen erledigt hast.

Tipps für deine erste Animation

- ❦ Überlege dir, was deine Figuren tun sollen, bevor du mit der Animation beginnst. Was ist die Ausgangslage, wie sieht der Endzustand aus? Wie kommen die Figuren von hier nach dort?
- ❦ Mach dir keine Sorgen darüber, wie klein die Bewegungen zwischen den einzelnen Bildern ausfallen sollten. Gestalte sie zunächst so klein oder groß, wie du es für richtig hältst. Du kannst die Einzelheiten später anpassen, um das Endprodukt zu verbessern.
- ❦ Pass auf, dass du nicht versehentlich gegen die Animationsbühne, die Kamera oder das Set stößt. Das kann zu unerwarteten Ergebnissen führen.

Wenn du das Gefühl hast, dass dir die Animation schwerer fällt, als du es gerne hättest, mach dir keine Sorgen darüber. In Kapitel 2 sehen wir uns genauer an, wie du LEGO-Minifiguren animierst, und in Kapitel 3 stellen wir einige Grundprinzipien für die Animation von praktisch allem vor.

Um in Stop Motion Studio ein Bild aufzunehmen, musst du nur auf die große, rote Taste drücken. Keine Angst – das ist nicht die Selbstvernichtung!

Grundlegende Kinematografie

Die folgenden Tipps helfen dir, gute Fotos aufzunehmen!

Komponiere die Einstellung. (Sorge dafür, dass sich das Motiv richtig im Bildausschnitt befindet, und halte deine Finger heraus!)

Stelle den Fokus ein (damit nicht alles verschwimmt).

Stelle die Belichtung ein. (Es werde Licht!)

Sehen deine Fotos aus wie diese versemmelten Aufnahmen? Wenn ja, dann musst du noch etwas Zeit aufwenden, um zu lernen, wie du deine Kamera richtig bedienst. (Weitere Tipps dazu erhältst du in Kapitel 8.)

Um dir deine Animation in Stop Motion Studio anzusehen, musst du lediglich auf das weiße Dreieck drücken.

Schritt 4: Schau dir deine Animation an

Nun ist es Zeit, dich zurückzulehnen und die Früchte deiner Arbeit zu genießen. Nachdem du alle Bilder aufgenommen hast, musst du sie in einen Film umwandeln.

Wenn du Stop Motion Studio oder eine ähnliche App verwendest, kannst du einfach auf eine Schaltfläche drücken, um dir deine Animation anzusehen. Das ist eine großartige Möglichkeit, um dir deinen Fortschritt bei der Animation anzusehen und dich zu vergewissern, dass sich deine Figuren auch wirklich so bewegen, wie du es beab-

sichtigt hast. Wenn du mit dem Endprodukt zufrieden bist, kannst du die Videodatei exportieren oder direkt zu einer Videoplattform wie YouTube hochladen.

Verwendest du dagegen eine Kamera ohne Stop-Motion-Software, musst du die Bilder auf einen Computer übertragen und dort mithilfe von Videoschnittsoftware zu einem Film zusammenstellten. Mehr über den Filmschnitt erfährst du in Kapitel 9.

Schritt 5: Passe die Bildfrequenz an

Wenn du dir deine Animation anschaust, achte darauf, ob sich die Figuren mit der richtigen Geschwindigkeit bewegen. Durch Änderung der *Bildfrequenz* kannst du dafür sorgen, dass sie langsamer oder schneller agieren. Die Bildfrequenz gibt an, wie viele Einzelbilder pro Sekunde angezeigt werden. Gewöhnlich wird sie in *fps* angegeben, was »frames per second« bedeutet, also »Einzelbilder pro Sekunde«. Die meisten Brickfilmer verwenden eine Frequenz von 12 oder 15 fps. Bei Fernsehsendungen sind 24 oder 30 fps üblich.

Je höher die Bildfrequenz, umso glatter verlaufen die Bewegungen. Allerdings musst du dann auch mehr Bilder für die gleiche Laufzeit deines Films aufnehmen! Für einen Brickfilm von einer Minute Länge musst du bei 10 fps 600 Einzelbilder aufnehmen, bei 30 fps dagegen 1800!

5 fps = weniger Bilder + umfangreichere Bewegungen

10 fps = mehr Bilder + kleinere Bewegungen

15 fps = noch mehr Bilder + winzige Bewegungen

In Stop Motion Studio stellst du die Bildfrequenz über die Schaltfläche mit dem Zahnradsymbol an.

Spiele deine Animation bei verschiedenen Bildfrequenzen ab, um zu sehen, welche Version dir am besten gefällt. Profis entscheiden sich normalerweise vor Beginn der Animation für die Bildfrequenz (mehr darüber in Kapitel 8). Für Anfänger ist es unserer Meinung nach aber einfacher, diese Entscheidung als Letztes zu treffen.

Wie geht es weiter?

Nach deiner ersten Animation hast du wahrscheinlich noch eine Reihe von Fragen: Warum flackert das Licht so stark? Wie kann ich Ton hinzufügen? Kann ich meine Figuren auch fliegen lassen? Muss ich *wirklich* zwischendurch essen und schlafen?

Im weiteren Verlauf dieses Buches beantworten wir diese Fragen und zeigen dir, wie du ein episches Animationsmeisterwerk drehen kannst. Bevor du mit Kapitel 2 weitermachst, solltest du dir aber noch die Zeit nehmen, über deine erste Animation nachzudenken:

- Was war der erfolgreichste Teil der Animation und warum?
- Auf welche Probleme bist du bei der Animation gestoßen? Wie hast du sie gelöst?
- Was möchtest du in deiner nächsten Animation tun, was du hier noch nicht getan hast?
- Falls du die Animation einem Publikum gezeigt hast: Haben die Zuschauer so reagiert, wie du es dir gewünscht hast?
- Was hast du aus dieser Animation gelernt?

Unabhängig davon, wie alt oder erfahren du bist, ist es wichtig, immer weiter zu lernen, Fragen zu stellen und über deine eigenen Fortschritte nachzudenken. Jedes neue Animationsprojekt ist eine Gelegenheit, deine Fähigkeiten zu verbessern. Selbst Fehler können Erfolge sein, wenn sie dir helfen, es beim nächsten Mal besser zu machen.

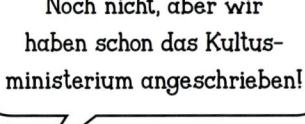

„Auf welche Probleme bist du bei der Animation gestoßen?" Was ist das hier, ein Schulbuch?

Noch nicht, aber wir haben schon das Kultusministerium angeschrieben!

2 Minifiguren animieren

Die Animation eines Brickfilms unterscheidet sich sehr stark von der Aufnahme eines Realfilms. Vor allem können sich menschliche Darsteller selbstständig bewegen und sprechen. Als Brickfilmregisseur dagegen musst du jede winzige Regung deiner Darsteller selbst erledigen.

Dazu musst du dich genau mit all den verschiedenen Weisen vertraut machen, auf die sich eine Minifigur *bewegen* kann, und auch damit, was sie mit diesen Bewegungen *ausdrückt*. In diesem Kapitel sehen wir uns die grundlegenden Methoden zur Bewegung von Minifiguren an und lernen, wie du aus deinen kleinen Darstellern ein Höchstmaß an Schauspielkunst herausholst.

Minifiguren können ihre Arme, Hände und Köpfe um 360° drehen, ihre Beine aber nur um 165°.

Die Anatomie von Minifiguren

Als Erstes musst du wissen, wie Minifiguren ihre einzelnen Körperteile bewegen können. Du bist es zwar, der die Bewegungen steuert, aber dabei musst du die physischen Einschränkungen der Körper beachten.

Die offensichtlichste Einschränkung besteht darin, dass Minifiguren keine Knie haben. Wenn du willst, dass sich eine Figur wie ein Mensch hinkniet, wirst du frustriert feststellen, dass das nicht möglich ist. Wir empfehlen dir daher, dich auf das zu konzentrieren, was Minifiguren tatsächlich tun *können*, anstatt das Unmögliche zu erwarten.

Körperhaltungen

Minifiguren verfügen über sieben *Bewegungs-* oder *Artikulationspunkte*. Das sind die Stellen, an denen du Körperteile drehen kannst: der Hals, die Schultern, die Handgelenke und die Hüften. Die beste Möglichkeit, um zu lernen, was du mit Minifiguren alles anstellen kannst, besteht darin, es auszuprobieren. Schnapp dir eine Figur und vollziehe die Bewegungen der einzelnen Gelenke nach, während wir sie erklären.

Hals

Minifiguren können ihren Kopf um 360° drehen. Außerdem ist es möglich, den Kopf ein wenig anzuheben, ohne dass er sich löst. Leider ist es nicht möglich, den Kopf nach vorn und hinten zu neigen (um die Figuren nicken zu lassen) oder zu den Seiten. Bei einigen größeren Haarteilen (wie Annas Frisur) ist es außerdem schwer, den Kopf zu drehen, ohne erst das Haar abzunehmen.

Schultern

Auch die Arme in den Schultergelenken können sich um 360° drehen. Trägt eine Figur eine Kopfbedeckung, irgendwelches an den Schultern angebrachtes Zubehör oder eine umfangreiche Frisur wie Anna, kann es unmöglich werden, die Arme vollständig im Kreis zu bewegen.

Aufgrund der möglichen Armbewegungen können Minifiguren sehr gut Gegenstände anheben und auf Objekte zeigen, die sich unmittelbar vor ihnen befinden. Bei Bewegungen wie von Hampelmännern und beim Aufnahmen von Gegenständen, die rechts oder links von ihnen liegen, sind sie allerdings völlige Nieten. Denke daran, wenn du Requisiten platzierst.

Bei Minifiguren gewinnt die Wendung »jemandem den Kopf verdrehen« eine ganz neue Bedeutung.

Matt kann die Arme im Triumph hochreißen, aber bei Anna ist das Haar im Wege.

Hüften

Die Hüftgelenke erlauben den Minifiguren, ihre Beine gerade nach vorn zu strecken und leicht nach hinten zu biegen. Minifiguren können sehr gut gehen, treten, sitzen und sich vorbeugen, aber Yoga und Spagat sind nichts für sie.

Handgelenke

Die Hände der Minifiguren lassen sich um 360° drehen. Beim Drehen einer Szene ist es ziemlich schwierig, mit deiner klobigen Menschenhand die winzigen Handgelenke deiner Darsteller zu bewegen, ohne irgendetwas umzuwerfen. Daher solltest du zur Positionierung der Hände einen Zahnstocher verwenden.

Du kannst die Hände der Minifiguren auch ein wenig aus den Armen herausziehen. Dadurch kann ein Darsteller, der nach den Sternen greift, noch ein kleines bisschen weiter kommen.

Bewegungen in der Hüfte haben große Auswirkungen auf die Posen von Minifiguren. Hier lehnt sich Anna zurück, um in Aktion zu treten, während Matt entspannt dasitzt.

Verwende einen Zahnstocher für winzige Bewegungen der Handgelenke.

Matt ist so aufgeregt, dass seine Hände aus den Armen hervortreten.

Subtile Bewegungen

Neben den sieben Hauptartikulationspunkten gibt es noch sechs weitere, nämlich den Skalp, die Taille, die Hände und die Füße. Damit sind nicht so ausgeprägte Bewegungen möglich wie bei den Hauptdrehpunkten, aber sie können trotzdem einen Beitrag zu den Posen von Minifiguren leisten.

Skalp

Mit Skalp bezeichnen wir die Noppe auf dem Kopf einer Minifigur, auf die Haare und Kopfbedeckungen aufgesteckt werden. Jegliches Kopfzubehör, das nicht über die Schultern hinweg nach unten ragt (wie Matts Frisur), kann sich beliebig um den Kopf drehen. Alles, was über die Schultern hinausreicht (wie Annas Haar), hat dagegen nur einen eingeschränkten Bewegungsbereich. Du kannst Kopfzubehör auch lösen, um es auf und ab zu bewegen. Das ist vor allem dann nützlich, wenn eine Figur überrascht ist, sich am Kopf kratzt oder einen Helm aufsetzt.

Taille

Die Taille ist die Stelle, an der die Beine an den Rumpf angeschlossen sind. Bei einer typischen Minifigur ist hier nur eine einzige Bewegung möglich: Du kannst Beine und Rumpf ein wenig voneinander lösen, um die Höhe der Figur zu strecken. Verwendest du für deine Figur dagegen einen aus anderen LEGO-Elementen gebauten Unterkörper, kannst du bei einem Rumpf alter Bauart mit einer Brückenplatte dafür sorgen, dass sich die Figur in der Taille drehen kann. (Achtung: Dabei wird das Rumpfteil leicht beschädigt!)

Matt macht sich groß, während Anna ihren Retro-Rumpf für einen gekonnten Hüftschwung nutzt.

Moderne Rümpfe wie der von Matt (links) lassen sich nicht auf Brückenplatten aufstecken. Bei Rümpfen, die vor 1999 hergestellt wurden, ist das zwar möglich, allerdings werden sie dabei leicht beschädigt (rechts).

> Ich bin kein großer Freund davon, LEGO-Teile zu ändern, aber ich mache es, wenn es nur eine leichte Änderung ist und sie eine schnellere Animation ermöglicht.

> Ich habe keine Probleme damit, LEGO-Steine zu belasten, zu verändern, zu zersägen oder zu kleben, wenn ich dadurch meine künstlerischen Vorstellungen verwirklichen kann. „Alles für die Kunst!"

Hände

Die Hände von Minifiguren sind vielseitiger, als du vielleicht denkst. Sie können viele unterschiedliche Elemente des LEGO-Systems anfassen, etwa Platten, Kacheln und Stäbe. In der Hand können diese Elemente nach oben und unten fahren und sich nach vorn und hinten neigen. Wenn du die Hand umdrehst, sodass die abgerundete Seite nach oben zeigt, änderst du den Winkel, in dem eine Minifigur ein Objekt festhält. Auf die flache Seite der Hand kannst du außerdem andere Elemente aufstecken wie auf eine Noppe.

Füße

Wenn eine Minifigur auf einer Grundplatte steht, sitzt jeder Fuß auf einer Noppe auf. Du kannst die Figur aber auch ein wenig abwechselnd nach beiden Seiten neigen, was sich hervorragend dazu eignet, um Ungeduld darzustellen. Minifiguren können sich zwar nicht in der Hüfte drehen, aber du kannst sie stattdessen leicht verkantet aufstellen.

Wenn sie nur mit einem Fuß auf dem Boden aufgesteckt ist, gewinnt die Minifigur einen viel größeren Bewegungsbereich. Eine Ein-Noppen-Verbindung ist beispielsweise ideal für Balletttänzer, die Pirouetten drehen. Dank der Löcher an der Rückseite der Beine kann eine sitzende Figur nach vorn und hinten rutschen.

Auch Minifiguren bauen gern mit LEGO-Elementen!

Beide Annas halten ihren Arm im selben Winkel. Der einzige Unterschied besteht darin, dass die Hände jeweils andersherum gedreht sind.

Auf glatten Oberflächen wie Kacheln lassen sich Figuren leichter drehen, auf genoppten Oberflächen leichter neigen.

Minifiguren können sich auf einem Fuß stehend um die eigene Achse drehen und beim Sitzen nach vorn und hinten rutschen.

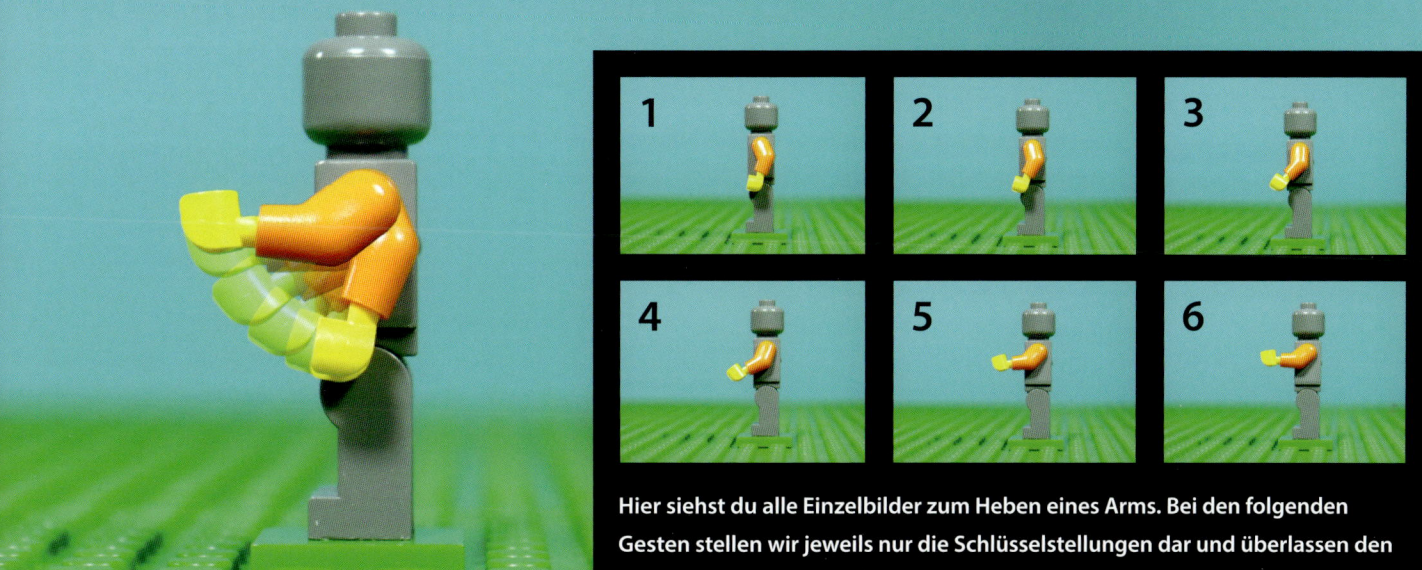

Hier siehst du alle Einzelbilder zum Heben eines Arms. Bei den folgenden Gesten stellen wir jeweils nur die Schlüsselstellungen dar und überlassen den Rest deiner Vorstellungskraft.

Körpersprache

Damit kennst du jetzt die verschiedenen Möglichkeiten, um Minifiguren zu bewegen. Aber wie vermittelst du mit diesen Bewegungen eine Bedeutung? Jede Aktion sollte zeigen, was deine Figur denkt oder fühlt, und zu deiner Geschichte beitragen.

Einfache Gesten

Gesten sind alle Bewegungen, die die Worte einer Figur untermalen oder ihre Gefühle darstellen. Dadurch können Minifiguren auch kommunizieren, ohne etwas zu sagen. Die folgenden Gesten stellen die Grundelemente der Körpersprache von Minifiguren dar.

Arme heben und senken

Die grundlegende Geste der Minifiguren besteht im Heben und Senken der Arme. Wenn eine Figur einen einzelnen Arm hebt, zeigt das im Allgemeinen, dass sie eine Idee hat, die sie mitteilen möchte: »Ich werde jetzt diese Waffel essen!« Das Senken des Arms dagegen drückt Ablehnung aus: »Nein, ich esse diese Waffel nicht!« Durch perfekte zeitliche Abstimmung der Geste kannst du auch ein einzelnes Wort im Satz betonen, etwa: »Ich *werde* jetzt diese Waffel essen!« oder: »Ich werde jetzt *diese* Waffel essen!«

Gleichzeitiges schnelles Heben beider Arme bedeutet Begeisterung oder Überraschung: »Waffeln? Ich liebe Waffeln!« Im Gegensatz dazu entspricht das langsame Senken beider Arme einem Seufzer oder drückt Enttäuschung aus: »Na ja, ich werde die Waffeln wohl essen, auch wenn es keinen Puderzucker gibt.«

Eine Hand drehen

Das Drehen einer Hand ist eine subtile Geste, die Möglichkeiten oder Unsicherheit ausdrücken kann. Die Hand nach innen zu drehen kann eine Einladung darstellen: »Hilf mir, meine Weltuntergangsmaschine zu bauen!« Wird die Hand dagegen nach außen gedreht, deutet dies auf eine zweite Möglichkeit hin, die bedacht werden muss: »... oder du wirst meinen Zorn spüren!« Dreht eine Figur die Hand vor und zurück, so heißt das, dass sie sich nicht ganz sicher ist: »Meine Weltuntergangsmaschine wird in *einer oder zwei Wochen* fertig sein.«

Beide Hände drehen

Werden beide Händen gleichzeitig nach außen gedreht, so entspricht das einem Achselzucken oder dem Ausstülpen der Hosentaschen. Diese Geste kann bedeuten, dass die Figur keine Ahnung oder keine Ideen mehr hat. Dreht sie dagegen beide Hände nach innen, kann das heißen, dass sie einen Streit schlichtet oder einen Plan erklärt. Um Freude, Begeisterung oder Überwältigung auszudrücken, kann die Figur die Hände schnell nach innen und wieder nach außen drehen.

Den Kopf schütteln

Minifiguren können ihren Kopf schütteln wie die Profis. Wenn sie diese Geste schnell ausführen, so heißt das: »Nein! Auf keinen Fall! Ohne mich!« Ein langsames Kopfschütteln mit kleinen Pausen bei jeder Drehung bedeutet, dass die Figur verwirrt ist oder über etwas nachdenkt. Schüttelt die Figur den Kopf, während sie vornübergebeugt ist und dabei ihr Gesicht bedeckt, so drückt das Scham, Bedauern oder Traurigkeit aus.

Eine Hand drehen

Beide Hände drehen

Den Kopf schütteln

Den Hals recken

Wenn eine Figur den Hals reckt, indem du den Kopf leicht nach oben ziehst, kann das Überraschung ausdrücken. Um den Effekt noch zu verstärken, kannst du zusätzlich auch die Frisur oder Kopfbedeckung ein wenig vom Kopf anheben.

In der Hüfte beugen

Wenn sich eine Minifigur in der Hüfte beugt, kann das eine Menge darüber aussagen, was in ihr vorgeht. Lehnt sie sich zurück, so kann das bedeuten, dass sie überrascht, bestürzt, in Gedanken versunken oder entspannt ist … oder einfach nur nach oben blickt. Beugt sie sich nach vorn, so kann das Traurigkeit, Resignation, Dankbarkeit oder Respekt ausdrücken. Eine Figur, die sich ständig vor- und zurückbeugt, ist wahrscheinlich nervös. Da Minifiguren nicht nicken können, kannst du Zustimmung auch durch ein knappes Vorbeugen ausdrücken.

Drehen

Minifiguren können sich nicht in der Hüfte drehen, aber auf einem Fuß. Wird diese Bewegung schnell ausgeführt, so kann das die Reaktion auf ein überraschendes Ereignis sein. Eine langsame Drehung dagegen kann der Versuch sein, etwas genauer zu betrachten. Außerdem können sich Minifiguren auch auf den Füßen zur Seite neigen. Das ist beispielsweise dann ideal, wenn eine Figur heimlich um die Ecke späht oder wenn sie ungeduldig von einem Fuß auf den anderen tritt.

Den Hals recken

In der Hüfte beugen

Drehen

Zusammengesetzte Gesten

Wenn du die einfachen Gesten beherrschst, kannst du sie kombinieren, um deinen Figuren eine noch anspruchsvollere Körpersprache zu verleihen. Die folgende Aufstellung nennt einige kompliziertere Gesten, die Minifiguren ausführen können, aber natürlich bist du nicht auf diese Bewegungen beschränkt. Kombiniere die einfachen Gesten, um noch mehr Ausdrucksmöglichkeiten zu finden.

Mit dem Arm nicken

Minifiguren können nicht mit dem Kopf nicken, aber sie haben andere Möglichkeiten, um ihre Zustimmung zu zeigen. Eine vielseitige Lösung bietet das Nicken mit dem Arm. Lass deine Minifigur einfach schnell den Arm heben und senken, während sie sich vor- und zurückbeugt, um zu zeigen, dass sie einer anderen Figur beipflichtet. Um die zeitliche Abstimmung richtig hinzubekommen, kannst du die Geste selbst ausführen. Wie weit beugst du dich vor? Bewegst du dich beim Vorbeugen schneller? Wenn eine Figur allein ist, kann ein »Nicken« mit dem Arm auch ausdrücken, dass sie gerade eine Idee hat – ein »Heureka!«-Moment.

Arme heben und senken und die Hände drehen

Wenn du das Heben eines Arms mit einer Drehung der Hand nach innen und außen kombinierst, ergibt das eine Begrüßung. Langsames Heben beider Arme in Verbindung mit einer Drehung beider Hände nach außen wirkt sehr überzeugend als Achselzucken. Wird die Situation völlig chaotisch, kann deine Figur die Arme auf und ab schwingen und dabei wie verrückt ihre Hände drehen.

Mit dem Arm nicken

Am Kopf kratzen

Diese Geste ist eine hervorragende Möglichkeit, um anzuzeigen, dass die Figur keine Ahnung hat, was vor sich geht. Dazu hebt sie ihren Arm zu ihren Haaren empor und dreht die Hand hin und her, wobei sich auch die Frisur ganz leicht hin und her bewegt.

Zeigen und Drehen

In dramatischen Szenen kann sich eine Minifigur auf ihrem Fuß drehen und dabei gleichzeitig einen Arm heben, um auf etwas Wichtiges zu zeigen: »Hilfe, meine Katze sitzt da oben im Baum fest!«

Spätzündung

Die Spätzündung ist eine großartige komische Geste, die Überraschung ausdrückt. Dabei schaut die Minifigur auf etwas, wendet sich einen Augenblick lang weg und dreht sich dann wieder dem zu, was sie gesehen hat, wobei jetzt ihr Kopf und ihre Frisur ein wenig in die Höhe fahren: »He, was war das denn?«

Deprimiert mit dem Fuß scharren

Diese Geste zeigt, dass die Figur traurig oder mutlos ist. Dabei bewegt sie den Fuß halbherzig nach vorn, während sie sich vorbeugt: »Vielleicht klappt's ja nächstes Mal, Charlie Brown.«

Total ausflippen

Wenn eine Figur über alle Maßen überrascht, angewidert oder begeistert ist, kann sie sich wild und unkontrolliert bewegen, wobei sie gleichzeitig ihre Arme schwenkt, ihre Hände dreht, sich zurückbeugt und ein Bein hochreißt: »Waffeln? Ich muss jetzt unbedingt welche haben!«

Übung: Gefühle zeigen

Nachdem du die verschiedenen Gesten kennengelernt hast, wird es Zeit, sie in der Praxis anzuwenden! In dieser Übung erstellst du eine sehr kurze Animation (zwei bis fünf Sekunden) einer Minifigur, die allein durch ihre Körpersprache ein Gefühl ausdrückt.

Platziere die Figur vor der Kamera und wähle ein Gefühl aus: Glück, Traurigkeit, Zorn, Überraschung, Scheu, Ekel, Begeisterung, Schuld, Scham, Langeweile, Stolz, Tatkraft, Verwirrung, Angst, Zufriedenheit oder was auch immer dir einfällt. Wie verhältst *du* dich, wenn du diese Empfindung hast? Kannst du diese Bewegungen auf deine Minifigur übertragen?

Spätzündung

Deprimiertes Scharren mit dem Fuß

Total ausflippen

Gehen

Gehen ist für uns eine selbstverständliche Tätigkeit. Allerdings erfordert sie eine große Menge an Koordination – das kann dir jedes Kleinkind bestätigen! In diesem Abschnitt sehen wir uns an, wie du deinen Minifiguren das Gehen beibringst und wie du verschiedene Gangarten einsetzt, um Stimmungen und Gefühle auszudrücken.

Eine feste Grundlage

Ein besonders kniffliger Umstand bei einer gehenden Figur besteht darin, dass sie sich oft in einer Stellung befindet, in der sie leicht aus dem Gleichgewicht geraten und umgeworfen werden kann. Bei der traditionellen Stop-Motion-Animation werden die Füße der Figuren meistens am Set befestigt, sodass sie nicht umkippen können. Zum Glück verfügen Minifiguren über eingebaute Befestigungspunkte, mit denen sie fest auf die Grundplatten aufgesteckt werden können (dank der Kupplungskraft).

 Wenn eine Figur über eine glatte Oberfläche gehen muss, kannst du zur Fixierung Kitt verwenden. Achte dabei aber darauf, dass du jegliche Rückstände zwischen der Aufnahme der Einzelbilder sauber entfernen musst. Eine andere Möglichkeit besteht darin, eine Oberfläche *fast* komplett aus Kacheln zu bauen, unter dem Fuß der Figur aber eine 1×1-Platte zu verstecken. Mit dieser Methode haben wir Anna und Matt in *The Magic Picnic* auf ihrer Picknickdecke befestigt.

 Die Animation einer gehenden Figur ist schwer (selbst für uns alte Hasen), weshalb wir dir empfehlen, deine ersten Versuche auf einer Oberfläche mit Noppen durchzuführen.

Verwende Kitt, um deine Figuren auf glatten Oberflächen zu fixieren.

Anna, Matt und der Picknickkorb wurden mit versteckten 1×1-Platten auf der Picknickdecke befestigt.

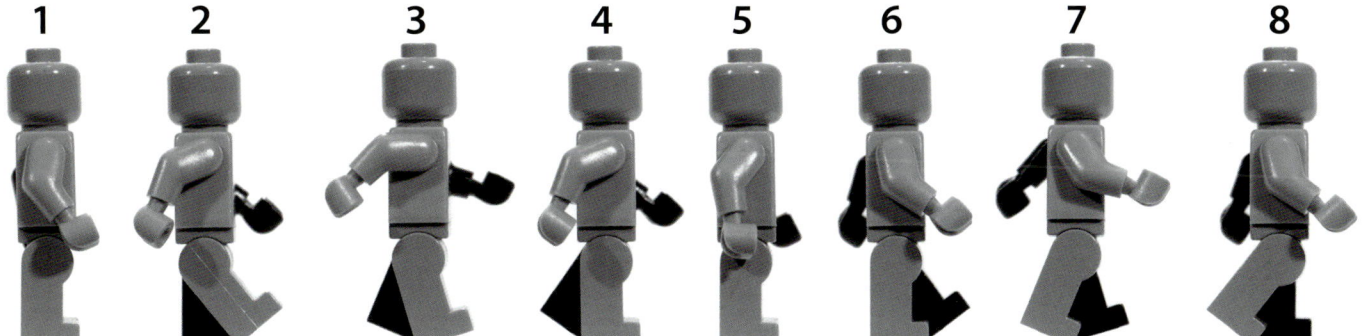

Der grundlegende Schrittzyklus

Eine unverzichtbare Fähigkeit für Animatoren ist die Beobachtung. Wenn du das nächste Mal in der Stadt unterwegs bist, beobachte, wie Menschen gehen: Ihre Arme und Beine bewegen sich in einem bestimmten Muster. Dies bezeichnen wir als *Schrittzyklus*.

Sehen wir uns als Erstes die Beine an. Im Standardschrittzyklus bewegen sich die Beine einer Minifigur wie folgt:

1. Die Figur steht still.
2. Sie setzt einen Fuß vor (hier den rechten).
3. Während die Figur den rechten Fuß vorstreckt, verlagert sie ihr Gewicht nach vorn, wobei sich der linke Fuß vom Boden löst.
4. Während der rechte Fuß wieder ganz auf dem Boden aufsetzt, löst sich der linke Fuß noch weiter vom Boden.
5. Der rechte Fuß steht jetzt still, während der linke daran vorbeischwingt.
6. Der linke Fuß bewegt sich nach vorn, während der rechte stillsteht.
7. Während sich der linke Fuß wieder dem Boden nähert, löst sich der rechte Fuß vom Boden.
8. Der linke Fuß setzt ganz auf dem Boden auf, während der rechte weiter angehoben wird.

Danach beginnt der Zyklus mit Phase 1 wieder von vorn.

Gleichzeitig bewegen sich aber auch die Arme, und zwar entgegengesetzt zu den Beinen, um den Körper im Gleichgewicht zu halten. Wenn das linke Bein vorwärts schwingt, geht der linke Arm nach hinten und umgekehrt.

Die beste Möglichkeit, um sich mit dem Schrittzyklus für Minifiguren vertraut zu machen, besteht darin, ihn anzuwenden. Animiere einen ersten Testgang anhand des oben stehenden Diagramms.

Du kannst dieses Diagramm auch von der Website zu diesem Buch herunterladen (*https://www.nostarch.com/legoanimation/*).

Tipps zur Animation des Schrittzyklus

🎲 Die Schritte 3 und 7 sind am schwierigsten, da die Minifigur dabei zwischen zwei Noppen balanciert. Wenn die Figur zu lose sitzt oder umzufallen droht, kannst du sie mit etwas Kitt fixieren.

🎲 Achte darauf, den Rumpf der Figur aufrecht zu halten. Beim Ändern der Beinstellung neigen die Figuren dazu, sich ein wenig in der Hüfte zu bewegen, was zu einem wackeligen Gang führt.

🎲 Wenn deine Animationssoftware über eine Zwiebelhautfunktion (Onion Skinning) verfügt (siehe Kapitel 6), ist das eine große Hilfe, um den Überblick darüber zu bewahren, bei welcher Phase des Zyklus du gerade bist.

🎲 Wenn du dir merken musst, wo deine Figur zu gehen beginnt und aufhört, kannst du diese Stellen mit farbigen LEGO-Steinen markieren. Platziere Sie am Rand des Sets, außerhalb des Kamerablickwinkels.

Die hier gezeigten Schrittzyklen zum Gehen und Laufen funktionieren sehr gut für Animationen mit 12 bis 15 fps. Wenn du 5 oder 10 fps verwendest, solltest du Schritt 3 und 7 herausnehmen, da es sonst so aussieht, als ob deine Figur langsamer geht. Bei 20 fps und mehr musst du zusätzliche Phasen in den Zyklus einschalten. (Vielleicht solltest du dir auch lieber noch einmal überlegen, ob du wirklich mit einer so hohen Bildfrequenz filmen willst.)

Deine Minifigur hat es erfolgreich von Punkt A zu Punkt B geschafft? Herzlichen Glückwunsch! Einen Schrittzyklus zu vollenden ist ein Meilenstein in der Entwicklung eines jeden Animators.

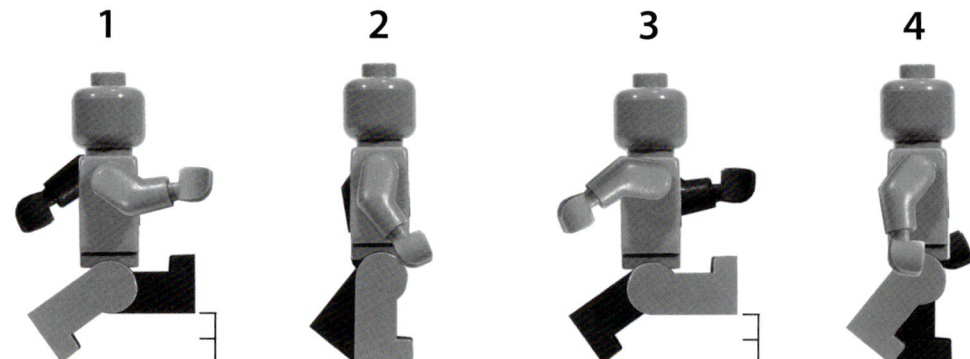

1 **2** **3** **4**

Der Schrittzyklus, um eine Minifigur laufen zu lassen. In Phase 1 und 3 wird der Fuß auf zwei Plattenhöhen über Grund angehoben. Um die Figur in dieser Stellung abzustützen, kannst du transparente Platten verwenden.

Ungewöhnliche Gangarten

Wenn eine Figur geht, kann das auch etwas über ihren Charakter aussagen. *Wie* geht sie? Torkelt, stolpert oder hüpft sie? Tänzelt sie, stolziert sie oder schleicht sie? Ausgehend von dem grundlegenden Schrittzyklus kannst du ausdrucksvollere und kompliziertere Gangarten darstellen. Es gibt unendlich viele Möglichkeiten für eigenartige und verrückte Gangarten, die etwas über die Gefühle der Figur oder die Umgebung aussagen.

Nicht jede Gangart muss elegant wirken. In diesem Beispiel aus *The Magic Picnic* stolpert Matt auf einem fremden Planeten rückwärts.

Der Standardschrittzyklus ist einer der wenigen Aspekte der Animation, für den es eine eindeutige Formel gibt. Das bedeutet, dass du diesen Vorgang üben kannst, bis du ihn beherrschst. Anschließend kannst du auf dieser Grundlage aufbauen, indem du Gesten hinzufügst.

Ich animiere Schrittzyklen nur ungern und versuche sie daher zu vermeiden. Aus diesem Grunde drehe ich Filme über ein Team von Journalisten. Meine Figuren sitzen an Schreibtischen oder stehen im Nachrichtenstudio. Sie gestikulieren sehr viel, gehen aber nur selten.

Gesichts-animation

Menschliche Schauspieler können durch subtile Mimik sehr viele Informationen vermitteln, aber Minifiguren sind in dieser Hinsicht stark eingeschränkt.

Es gibt Brickfilmer, die ganz auf Gesichtsanimation verzichten, sodass ihre Figuren den ganzen Film über die gleiche Miene zeigen. Auch das ist eine künstlerische Ausdrucksform, und sie ist gerade für Anfänger gut geeignet. Willst du dagegen auch die Gesichter animieren, hast du dazu drei Möglichkeiten: die Ersetzungstechnik für Puristen, die Ersetzungstechnik mit fremden Elementen und die digitale Animation.

Ersetzungstechnik für Puristen

Bei der Ersetzungstechnik für Puristen verwendest du nur offizielle LEGO-Köpfe für deine Darsteller und tauschst sie zwischen den Einzelbildern aus, um die Mimik der Figuren zu ändern.

Dabei musst du darauf achten, dass du den Kopf wieder in genau derselben Stellung anbringst, sodass sich nur der Gesichtsausdruck ändert. Wenn der Wechsel von einer Miene zu einer anderen zu abrupt erscheint, versuche ihn zu kaschieren, indem du ihn in der Mitte eines Kopfschüttelns vornimmst.

Animation durch Ersetzung: Anstatt das Objekt zwischen den Einzelbildern zu bewegen, haben wir hier ein Objekt entfernt (Annas Kopf) und durch ein anderes ersetzt.

Wenn du dir die verfügbaren Minifigurenköpfe ansiehst, wirst du feststellen, dass es einige Köpfe gibt, die zwar einen unterschiedlichen Gesichtsausdruck aufweisen, sonst aber ähnlich genug sind, um zu derselben Person gehören zu können. Achte dabei besonders auf Merkmale wie die Lippen, die Farbe der Augenbrauen und Bärte. Bei der Gestaltung von Anna und Matt haben wir ziemlich viel Zeit damit zugebracht, einen Satz von Köpfen für jede dieser beiden Figuren auszuwählen.

Die Ersetzungstechnik für Puristen eignet sich sehr gut, um Gefühle und Haltungen zu vermitteln. Es ist damit aber ziemlich schwer, den Mund so zu animieren, dass es so aussieht, als würde die Figur sprechen. Wenn du eine lippensynchrone Vertonung vornehmen willst, musst du eine der beiden anderen Techniken einsetzen.

Wir raten dir, deine Minifigurenköpfe nach Farbe und Gesichtsmerkmalen zu sortieren, damit du schnell mehrere Gesichter finden kannst, die zu ein und derselben Person gehören könnten.

Die vielen Gesichter von Anna und Matt.

Ersetzung mit fremden Elementen

Wenn du deinen Film lippensynchron vertonen, aber nicht Stunden mit digitaler Animation zubringen möchtest, kannst du deine eigenen Minifigurenköpfe herstellen oder inoffizielle Köpfe kaufen. *Minifigs.me* verkauft einen Satz von zwölf Köpfen, die die grundlegenden Mundformen für Sprachäußerungen abdecken. Wenn du alles selbst gestalten möchtest, kannst du auch mit Aufklebern oder Kitt Gesichtsmerkmale auf einem Kopf anbringen oder sie auf einen leeren Kopf aufmalen.

In jedem Fall aber ist die lippensynchrone Vertonung eine anspruchsvolle Technik, die eine Menge Vorbereitung erfordert. Damit beschäftigen wir uns eingehender in Kapitel 9.

Digitale Gesichtsanimation

Am häufigsten wird die digitale Gesichtsanimation verwendet, um Mundformen hinzuzufügen, sodass die Minifiguren so aussehen, als würden sie sprechen. Du kannst ihnen mit dieser Technik aber auch jede andere Form von Gesichtsausdruck verleihen. Diese Vorgehensweise – mit der wir uns in Kapitel 9 beschäftigen – ist sehr zeitraubend, die Ergebnisse aber sind fantastisch!

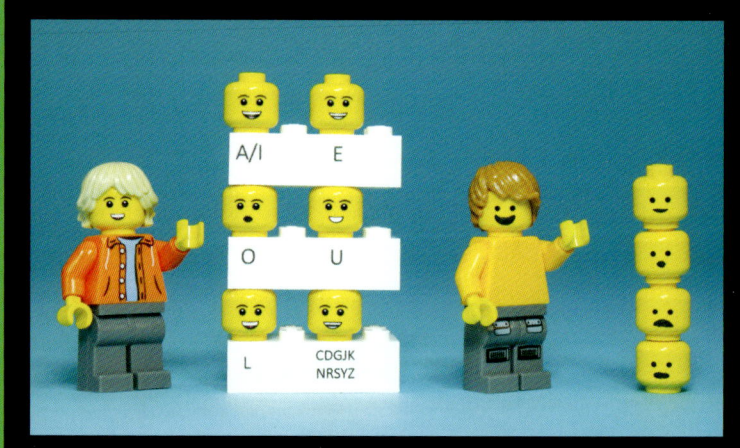

Matt probiert einen Kopf von *Minifigs.me* an, während sein Cousin Mort seine Sammlung von handgemalten Gesichtsausdrücken präsentiert.

Mit digitaler Gesichtsanimation kannst du deine Figuren blinzeln, die Stirn runzeln, nach Luft schnappen und jedes andere Gesicht machen lassen, das du dir vorstellen kannst.

Springen, Fliegen und Schweben

Deine Figuren können jetzt schon gehen und sprechen, aber was machst du, wenn sie springen oder fliegen sollen? Die Schwerkraft erweist sich für Stop-Motion-Animatoren oft als hinderlich, aber es gibt kreative Möglichkeiten, um ihre Einschränkungen zu umgehen.

Techniken in der Kamera

Bewegungen wie Springen und Fliegen solltest du nach Möglichkeit auf dem Set animieren anstatt zu versuchen, sie später digital hinzuzufügen. Die wichtigste Lösung dafür ist die Verwendung einer versteckten *Stützkonstruktion*. Wenn deine Figur nur wenige Einzelbilder lang in der Luft schwebt, kannst du sie mit einigen transparenten Elementen festhalten. Das Publikum merkt das meistens gar nicht.

Eine weitere Möglichkeit, um Stützen zu verstecken, besteht darin, sie dort unterzubringen, wo die Kamera sie aus ihrem Blickwinkel nicht sehen kann. So kannst du eine Figur mit einer Konstruktion festhalten, die sich außerhalb des Bildausschnitts oder hinter der Figur befindet. Wenn nichts anderes funktioniert, kannst du ein schwebendes Objekt auch an transparentem Draht aufhängen.

Matt scheint in der Luft zu schweben!

Möglich machen das diese Stützkonstruktion und ein kleines bisschen Kitt. Und schon haben wir die Schwerkraft überlistet!

Schritt 1: Nimm ein Bild mit dem Objekt auf, das von der Stützkonstruktion in der Luft festgehalten wird.

Schritt 2: Entferne das Objekt und die Stütze und nimm ein Bild des Hintergrunds auf.

Schritt 3: Überlagere die beiden Aufnahmen in einer Bildbearbeitungssoftware und radiere die Stützkonstruktion weg.

Levitation für Fortgeschrittene

Für Animatoren mit etwas mehr Erfahrung besteht die beste Möglichkeit, etwas fliegen oder schweben zu lassen, darin, eine Stützkonstruktion zu bauen und diese dann in der Postproduktionsphase zu maskieren. Diese Stütze kann einfach aus einem LEGO-Element und etwas Kitt bestehen. Dann nimmst du zwei Bilder auf: einmal die Szene mit dem von der Stütze festgehaltenen Objekt und anschließend die gleiche Szene ohne das Objekt und seine Stütze.

Bei der Postproduktion (siehe Kapitel 9) legst du dann in einer Bildbearbeitungssoftware (wie GIMP oder Adobe Photoshop) das Bild mit der Stütze über das Hintergrundbild. Entferne die Stütze mit dem Radiergummi-Werkzeug, sodass der Hintergrund des zweiten Bildes durchscheint. Durch solche Maskierungsarbeiten musst du zwar viel mehr Zeit für die Postproduktion aufwenden, doch das Ergebnis wirkt einfach fantastisch!

Keine Angst vor Verrenkungen

Manche Brickfilmer sind wortwörtlich der Meinung, dass sich ihre Darsteller ruhig »ein Bein ausreißen« können. Wenn dich die eingeschränkte Beweglichkeit von Minifigurengelenken zur Verzweiflung treibt, dann kannst du versuchen, die Figuren baulich zu verändern, um ihre schauspielerischen Möglichkeiten zu erweitern.

Soll eine Minifigur ihren Arm zur Seite ausstrecken? Zieh den Arm von der Schulter ab und befestige das Ende mit etwas Kitt wieder am Rumpf. Bei dieser Technik gewinnt die Figur beeindruckende neue Möglichkeiten, ihren Arm zu bewegen: Sie kann ihren Mund bedecken, um ein Husten oder Gähnen zu kaschieren, sie kann sich den Bauch reiben und sogar in die Hände klatschen. Dabei musst du dafür sorgen, dass der Kitt fest genug haftet, um den Arm in erhobener Stellung zu halten, und den Kitt tarnen, sodass die Zuschauer ihn nicht bemerken.

Wenn du den rechten durch einen linken Arm austauschst (oder umgekehrt), sieht es so aus, als hätte die Figur ihre Ellbogen zurückgedrückt. In einem Standbild wirkt das zwar unnatürlich, aber in ein oder zwei Einzelbildern innerhalb eines Bewegungsablaufs kann es den Eindruck verstärken, dass die Figur etwas wirft oder um sich schlägt.

Auch die Beine der Minifiguren kannst du anders anordnen. Es ist sogar möglich, eine Minifigur knien zu lassen – nun, zumindest halbwegs –, wenn du den Unterkörper verkehrt herum an der Hüfte befestigst und eines der Beine aus dem Verbund löst. Du kannst auch mitten in einem Tritt das linke Bein gegen ein rechtes austauschen, sodass es so aussieht, als ob die Figur ihren Fuß am Knöchel beugt.

Wenn du genau hinsiehst, kannst du den gelben Kitt erkennen, der den lila Arm in dieser Stellung hält.

Durch Umstecken von Armen und Beinen können Anna und Matt neue, lustige Posen einnehmen.

Gliedmaßen aus anderen Elementen

Eine andere Möglichkeit, um die eingeschränkte Beweglichkeit der Minifiguren zu umgehen, besteht darin, ihre Körperteile durch selbst gebaute zu ersetzen.

Ein einfachsten lassen sich dabei die Beine austauschen. Manche Minifiguren tragen einen »Rock« aus Schrägstei-nen. Das ist aber nur der Anfang! Wenn deine Figur einen Roboter darstellen soll, kannst du ihr die merkwürdigsten science-fiction-haften Beine verpassen. Für Turner kannst du Beine bauen, die einen Spagat erlauben.

Arme lassen sich schwerer ersetzen. Hier ist deine Kreativität gefordert. Je nachdem, mit was für einer Art von Minifigurenrumpf du arbeitest (vor oder nach 1999), kannst du die Arme durch Steuerhebel oder Stäbe ersetzen.

Für Mattborg und Cyberanna wurden die normalen Minifigurenarme und -beine durch vielseitigere, aus LEGO-Elementen gebaute Gliedmaßen ersetzt.

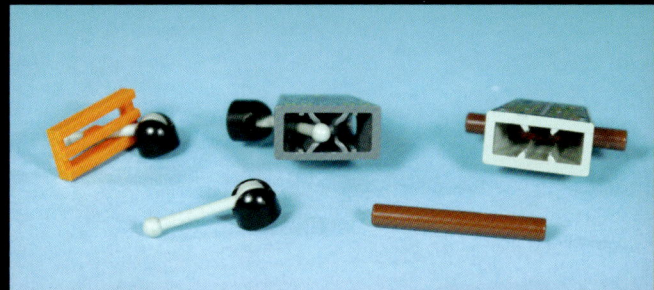

Alte Rümpfe (rechts) können in ihren Schulteröffnungen Elemente mit dem Durchmesser eines Stabes aufnehmen. Moderne Rümpfe (links) können in den Schulterlöchern Steuerhebel festhalten.

Aus anderen LEGO-Elementen gebaute Gliedmaßen müssen zum Aussehen deiner Figur passen. Sonst sieht dein Publikum nicht eine Person mit einem Roboterarm, sondern eine Person ohne Arm, neben der irgendein komisches Ding schwebt.

Wenn du mutig genug bist, kannst du Körperteile von Minifiguren auch gegen andere Elemente austauschen. Brauchst du beispielsweise eine Figur mit beweglichem Mund, kannst du den Kopf durch einen LEGO-Hai oder -Alligator ersetzen!

Wenn deine Figur zubeißen oder eine Oper singen muss, kannst du ihr auch einen Haikopf verpassen.

Figuren mit eingeschränkter Beweglichkeit animieren

Einige Sonderfiguren bieten noch weniger Bewegungsmöglichkeiten als normale Minifiguren. Einige haben Beine, die sich nicht beugen lassen, wieder andere können den Kopf nicht drehen, und es gibt sogar einige, die nur aus einem einzigen, massiven Teil bestehen. Solche Figuren zu animieren erfordert ein besonderes Maß an Kreativität. Wenn die Figur kurze Beine hat, sieht es eher so aus, als ob sie schwankt, anstatt zu gehen. Verfügt die Figur über keinerlei Artikulationspunkte, kommt es auf jede Bewegung an, die du mit ihr machen kannst. Ist es möglich, sie mit etwas verstecktem Kitt auf und ab hüpfen zu lassen? Kann sie sich nach vorn und hinten oder zu den Seiten neigen? Es wird dich wahrscheinlich überraschen, wie viel Persönlichkeit man einem massiven Element verleihen kann! Schau dir den Film *Greedy Bricks* von Mirko Horstmann an – ein hervorragendes Beispiel für die Animation von LEGO-Figuren ohne Artikulationspunkte!

Die Verwendung dieser Figuren ist stark eingeschränkt – sowohl durch ihre Bewegungsmöglichkeiten als auch aufgrund des Urheberrechts.

Üben, Beobachten und Experimentieren

Wir haben in diesem Kapitel zwar viele verschiedene Minifigurenbewegungen besprochen, aber damit ist dieses Thema noch lange nicht erschöpft. Wenn du etwas Kompliziertes wie einen Salto rückwärts oder Breakdance animieren möchtest, solltest du die folgenden Tipps beachten.

Wie bereits erwähnt sind gute Animatoren auch gute Beobachter. Überlege, welche Aktionen deine Minifiguren ausführen sollen, und schau dir dann an, wie Menschen diese Bewegungen vollziehen. Beobachte dich selbst im Spiegel oder nimm einen Freund auf Video auf. Du kannst auch auf YouTube nach Filmen suchen, in denen die gewünschte Bewegung vorkommt.

Dabei musst du vor allem die folgenden Aspekte beachten: Welche Phasen der Aktion sind die wichtigsten? Welche Körperhaltungen lassen sich gut auf eine Minifigur übertragen? Versuche, eine Minifigur in die entsprechenden Stellungen zu bekommen. Mach dir Notizen, zeichne Skizzen und probiere die Bewegungen vor der Kamera aus.

Um die Bewegungen deiner Figuren zu planen, ist es hilfreich, sie selbst durchzuspielen.

3 Prinzipien der Animation

Animation ist eine Wissenschaft für sich … und zwar eine sehr sonderbare!

Die »Nine Old Men« von Disney waren für die Animation das, was die »Master Builder« der LEGO-Gruppe für die Entwicklung von LEGO-Modellen sind.

Für jede Tätigkeit gibt es bewährte Vorgehensweisen, deren Beachtung zu den besten Ergebnissen führt. Die ursprünglichen *Prinzipien der Animation* wurden von den »Nine Old Men« der Walt Disney Company entwickelt, den Experten, die mehr als ein halbes Jahrhundert lang Zeichentrick-Animationen auf die Kinoleinwände brachten.

Zwei dieser »neun alten Herren«, nämlich Frank Thomas und Ollie Johnston, haben ihre Arbeitsprinzipien in dem Buch *The Illusion of Life* vorgestellt. »Die Illusion des Lebens« ist nicht nur ein griffiger Buchtitel, sondern auch das Ziel jedes Animators: das Publikum glauben zu machen, dass leblose Zeichnungen, Objekte oder Computerbilder über Geist und Seele verfügen.

Diese Prinzipien fußen auf einer Reihe wichtiger Aspekte:

- **Physik:** Die Lehre, wie sich Objekte im Raum bewegen und miteinander in Wechselwirkung treten. Deine animierte Welt wird glaubhafter, wenn sich deine Figuren und Objekte nach den realen Gesetzen der Schwerkraft, der Reibung usw. bewegen. (Du hast im Physikunterricht doch aufgepasst, oder?)

- **Klarheit:** Sorge dafür, dass das, was du auf dem Bildschirm darstellst, leicht verständlich ist. Die flüssigste Animation ist keinen Pfifferling wert, wenn sie die Geschichte nicht verständlich erzählt.

- **Fesseln des Publikums:** Du musst das Interesse des Publikums unabhängig vom Inhalt gewinnen. Die Zuschauer müssen nicht mögen, was du ihnen zeigst, aber sie müssen den Wunsch haben, das Geschehen zu verfolgen.

Die Prinzipien wurden zwar als Richtlinien für Zeichentrickfilme aufgestellt, doch die meisten lassen sich auf beliebige Medien übertragen, auch auf Brickfilme. Im Folgenden stellen wir die wichtigsten dieser Prinzipien vor. Außerdem haben wir einige weitere Grundsätze hinzugefügt, die insbesondere bei LEGO-Animationen zur Geltung kommen.

Übertreibung

Es gibt Leute, die eine großartige Animation sehen und dann ausrufen: »Wow! Das sieht wirklich *realistisch* aus!« Das ist zwar als Kompliment gedacht, trifft aber nicht den Kern der Sache. Ein Animator will die dargestellten Objekte nicht *realistisch* erscheinen lassen, sondern *lebendig*. Das Wort »Animation« bedeutet wörtlich »der Zustand der Lebendigkeit«.

Hier kommt das Prinzip der *Übertreibung* ins Spiel. Wenn du deine Animation übertreibst, stellst du eine einfache Bewegung, Pose oder Gefühlsregung extrem dar. Handlungen, Gefühle, Gesichtsausdrücke und Haltungen werden überbetont, sodass eine *Karikatur* der Wirklichkeit entsteht statt einer genauen Kopie.

Wenn eine Figur traurig ist, erscheint sie durch Übertreibung *wirklich* traurig – vornüber gebeugt, die Stirn gerunzelt, mit hängenden Armen und einem langsamen, schlurfenden Gang. Ist die Figur dagegen glücklich, dann erscheint sie *wirklich* glücklich – voll unbändiger Energie, mit wedelnden Armen und dem breitesten Lächeln, das du dir vorstellen kannst.

Übertreibung ist insbesondere bei der Animation von Minifiguren hilfreich, da deren Beweglichkeit (wie wir in Kapitel 2 gesehen haben) stark eingeschränkt ist und sie nicht die gleichen Posen einnehmen können wie Menschen. Wenn sich deine Figur nicht so bewegen kann wie ein lebendes Wesen, dann versuche das durch Übertreiben der Bewegungen auszugleichen, die möglich sind.

Um eine Karikatur anzufertigen, treibst du die charakteristischen Merkmale deines Motivs auf die Spitze. Es geht dabei mehr darum, einen Eindruck zu vermitteln, als um eine wirklichkeitsgetreue Darstellung.

Übertreibung!

→

Übertreibung macht fröhliche Piraten wirklich fröhlich und traurige Clowns noch elender.

Übertreibung kann die Energie einer Szene verändern. In diesem Beispiel besteht die Handlung darin, dass eine Figur eine Projektilwaffe abfeuert.

Wenn wir diese Handlung übertreiben, können wir den Eindruck einer Waffe vermitteln, die so enorm kraftvoll ist, dass sie durch ihren Rückstoß den Schützen umwirft.

Wir können die Handlung auch auf eine unerwartete Weise übertreiben und damit sowohl die Figur als auch das Publikum überraschen.

Scheue dich nicht, mit Übertreibungen herumzuspielen und auszuprobieren, wie weit du deine Animationen treiben kannst.

Wann ist Übertreibung zu viel des Guten? Das hängt vom persönlichen Geschmack ab. Beim Dreh höre ich in meinem Kopf allerdings hin und wieder die Stimme meines Collegeprofessors: „Wenn du glaubst, dass du jetzt weit genug gegangen bist, dann geh noch weiter."

Ich wende das Prinzip der Übertreibung auf alle Aspekte meines Films an, vom Kulissenbau bis zu den Geräuschen. Ich ermutige meine Sprecher zu unmöglichen Darbietungen, indem ich ihnen sage: „Zu starke Übertreibung gibt es nicht." Beim Schreiben von Drehbüchern zwinge ich mich dazu, die albernsten Ideen aufzubringen, die möglich sind – und sie dann noch alberner zu machen.

Der Spaß bei der Animation besteht darin, dass man sich nicht auf das beschränkt, was möglich ist. Die einzige Grenze ist deine Vorstellungskraft.

Stauchen und Dehnen

Du kannst nicht nur die Bewegungen und Verhaltensweisen deiner Figuren übertreiben, sondern auch ihre Formen. Das Prinzip von *Stauchen und Dehnen* bedeutet, dass du die Form eines Objekts oder einer Figur verzerrst, um einen Eindruck von Flexibilität und Gewicht zu geben.

Die meisten LEGO-Elemente sind natürlich feste Kunststoffteile. Aber wir haben schon in Kapitel 2 einige Möglichkeiten gesehen, um diese Einschränkungen zu umgehen: Der ausgestreckte Hals und die »Spätzündung« sind hervorragende Beispiele für die Anwendung des Stauch-und-Dehn-Prinzips auf Minifiguren. Die einzelnen Teile der Minifigur bleiben unverändert, aber die Gesamtform ändert sich.

Stauchen und Dehnen kannst du auch durch Ersetzung anwenden. Gestalte dazu eine Folge wechselnder Formen aus LEGO-Steinen und tausche sie bei der Animation nach und nach aus. Dabei können die Formen so verrückt und merkwürdig werden, wie du willst. Konstant bleiben muss nur das *Volumen* der Gesamtkonstruktion. Es sollte nicht so aussehen, als ob sich auch die *Größe* des Objekts ändert, sondern nur die Form.

In dieser Folge von Bildern verwandelt sich die Frühform der Minifiguren aus der Mitte der 70er-Jahre durch Dehnen und Stauchen in die moderne Version.

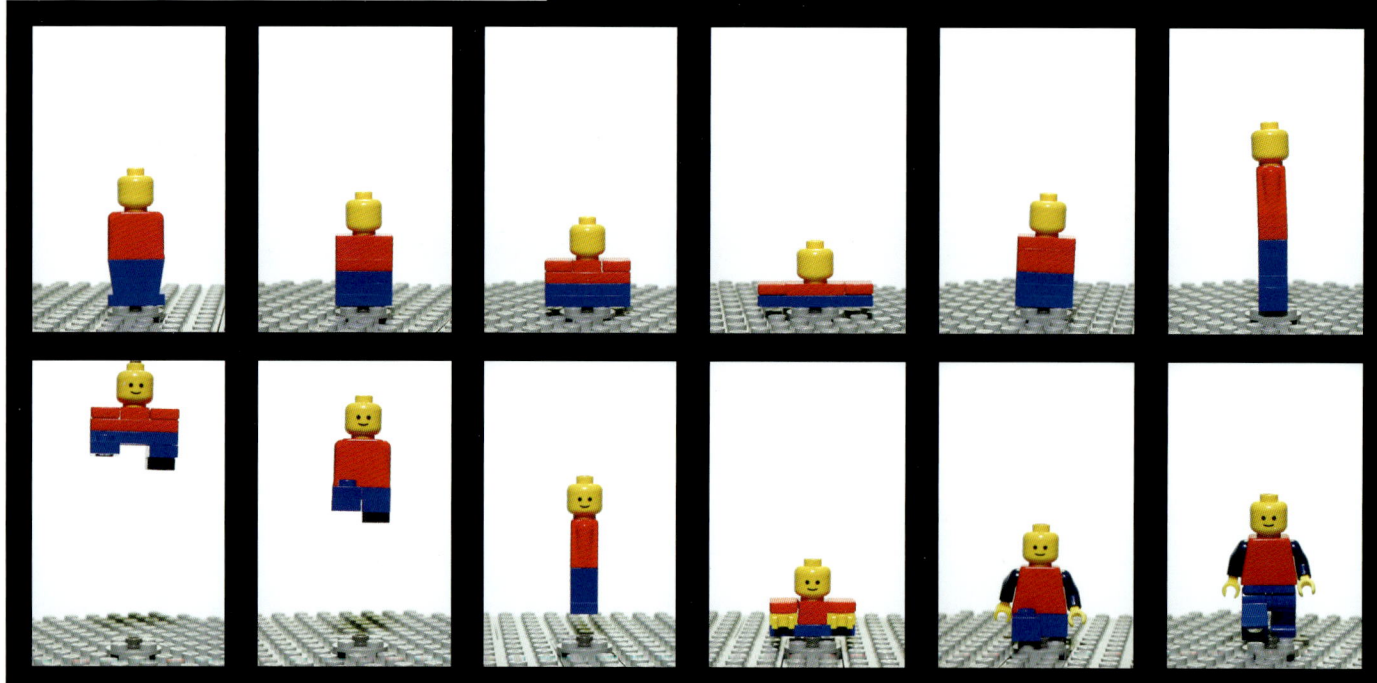

Übung: Springender Ball

Das klassische Beispiel für die Animation ist ein springender Ball. Aber wie kannst du ein Modell aus harten LEGO-Steinen so wirken lassen wie einen Gummiball? Den Vorgang zeigen wir dir hier Einzelbild für Einzelbild. Verwendet haben wir dabei mehrere aus LEGO-Steinen gebaute Formen. In der Hauptform ist der Ball ganz rund (A), in den anderen entweder gedehnt (B, C) oder gestaucht (D).

Bau diese einfachen Formen und stelle dann unsere Animation nach. Wir haben die Kamera dabei senkrecht auf die Animationsfläche gehalten. Sieh dir genau an, wo sich die Form von einem Kreis zu einer gedehnten oder gestauchten Ellipse ändert: Die Dehnungen erfolgen in den schnelleren Abschnitten der Bewegungen, die Stauchungen dagegen, wenn der Ball auf den Boden trifft.

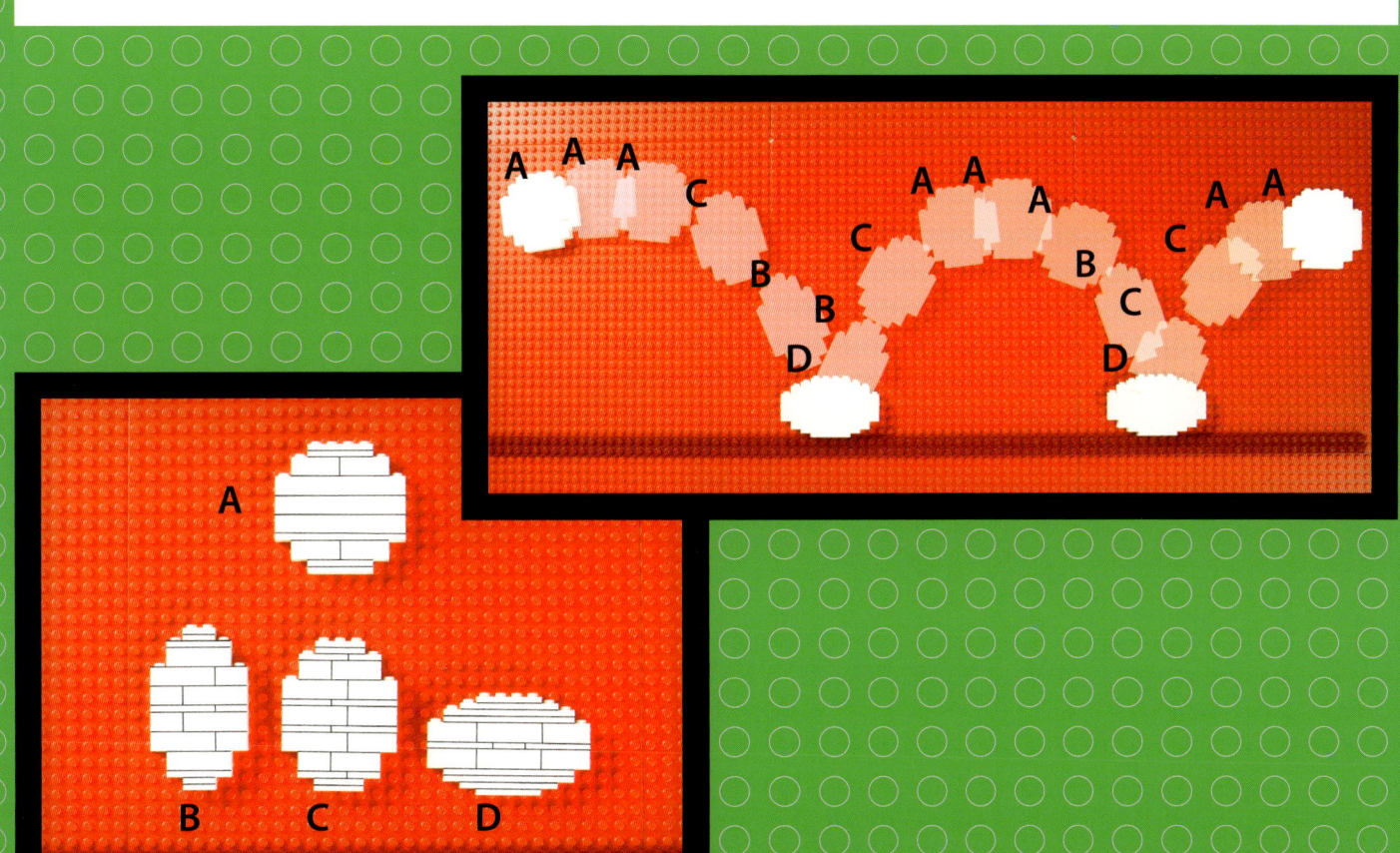

Zeitliche und räumliche Abstimmung

Nachdem du die Übung mit dem hüpfenden Ball ausgeführt hast, fragst du dich vielleicht: Wie kann ich herausfinden, wie viele Einzelbilder jeder einzelne Sprung des Balls einnimmt? Wie bestimme ich, wie weit sich der Ball zwischen diesen Einzelbildern jeweils bewegen muss?

Für die *zeitliche Abstimmung* musst du die Anzahl der Einzelbilder ermitteln, die erforderlich sind, um eine gewünschte Aktion komplett durchzuführen. Schnelle Bewegungen erfordern weniger Einzelbilder, langsame

Bewegungen mehr. Wenn du ein Auto animierst, das schnell von Punkt A nach Punkt B fährt, brauchst du dazu möglicherweise nur zwei oder drei Einzelbilder, doch wenn es sich langsamer bewegen soll, können für die gleiche Handlung zehn oder mehr Einzelbilder erforderlich sein.

Bei der *räumlichen Abstimmung* dagegen geht es darum, wie weit sich die Objekte zwischen den Einzelbildern jeweils bewegen. Bei langsamen Objekten sind die Änderungen von einem Bild zum nächsten sehr klein,

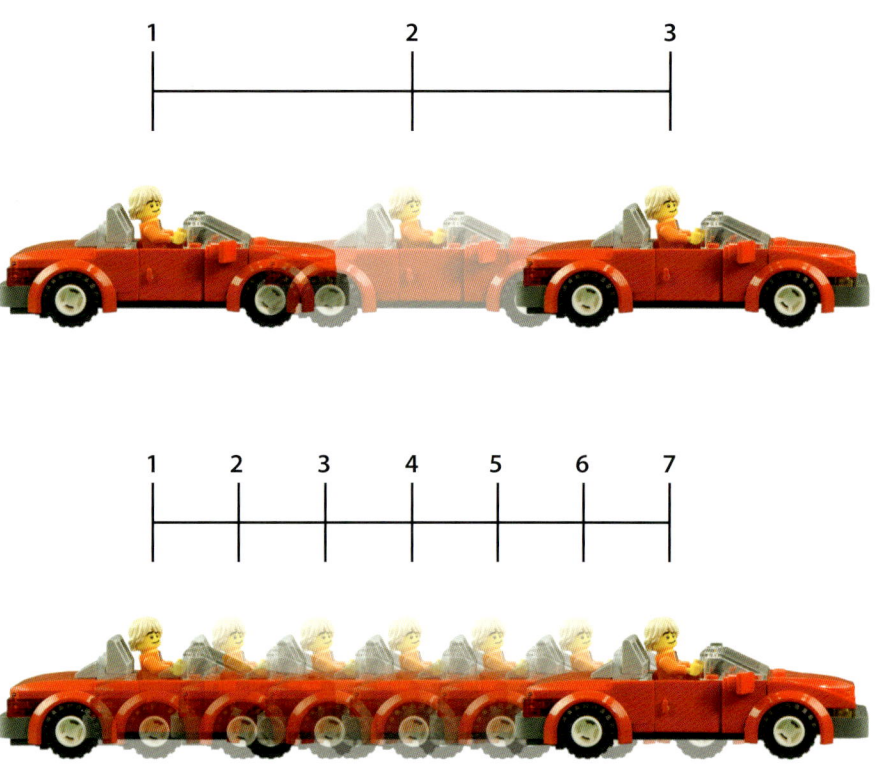

Schnelle Bewegungen laufen in wenigen Einzelbildern ab, wobei große Abstände zwischen den einzelnen Positionen liegen. Für langsame Bewegungen sind mehr Einzelbilder erforderlich, und die Abstände zwischen den Positionen sind erheblich kleiner.

während schnelle Objekte zwischen den Bildern größere Entfernungen zurücklegen.

Ebenso wie die Übertreibung kann auch die räumliche Abstimmung dem Publikum die Stimmung oder die Energie einer Szene vermitteln, beispielsweise den Unterschied zwischen einem Auto, das gemütlich über die Landstraße fährt, und einem anderen, das durch die Gegend rast.

Um einen anderen Eindruck zu vermitteln, ist es auch möglich, die zeitliche Abstimmung beizubehalten, aber die räumliche zu verändern. Im folgenden Beispiel bewegt sich das Auto in derselben Zeit von links nach rechts (fünf Einzelbilder), aber mit einer anderen räumlichen Abstimmung (die Positionen des Autos).

Bei Objekten wie Autos hast du wahrscheinlich schon eine ziemlich gute Vorstellung von der Geschwindigkeit (sie sind schnell!). Aber wie schnell sollte sich eine Minifigur bewegen? Oder ein fallender Felsbrocken? Ein Roboterdrache? Der entscheidende Aspekt für die Geschwindigkeit der Animation ist das *Gewicht* des Objekts. Schwere Dinge bewegen sich langsamer und benötigen daher mehr Einzelbilder, um von einer Position zur nächsten zu gelangen. Die richtige zeitliche und räumliche Abstimmung vermittelt einen Eindruck vom Gewicht des Objekts, was unverzichtbar ist, um dem Publikum die Illusion zu geben, dass es sich von selbst bewegt.

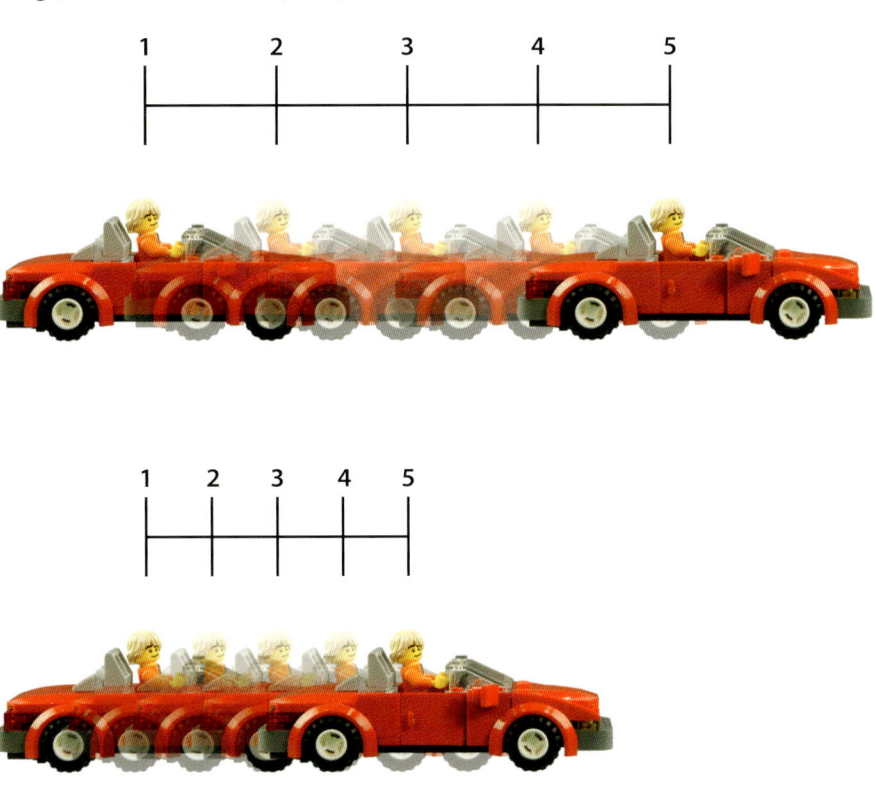

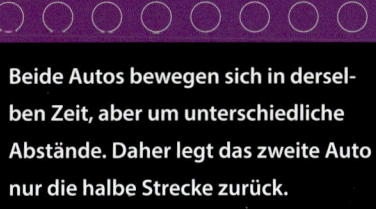

Beide Autos bewegen sich in derselben Zeit, aber um unterschiedliche Abstände. Daher legt das zweite Auto nur die halbe Strecke zurück.

Easing

Easing – das allmähliche Aufnehmen und Beenden von Bewegungen – ist eine weitere hervorragende Möglichkeit, Abläufe natürlich wirken zu lassen und einen Eindruck des Gewichts des Bewegten zu vermitteln. Bei dieser Technik der räumlichen Abstimmung variierst du die Geschwindigkeit der animierten Objekte, sodass sie sich auf eine wirklichkeitsgetreuere Weise bewegen.

In der Realität bewegen sich Objekte normalerweise nicht mit konstanter Geschwindigkeit, sondern beschleunigen und verzögern in Abhängigkeit von verschiedenen Faktoren, unter anderem ihrer Größe und ihrer Umgebung. Wenn du einen 2×4-Stein mit den Fingern über eine Oberfläche schnipst, wirst du feststellen, dass er sich nicht mit gleichbleibender Geschwindigkeit bewegt und dann plötzlich stehen bleibt, sondern aufgrund der Reibung allmählich langsamer wird.

Dieses Prinzip kannst du auch auf die Animation anwenden. In den unten stehenden Beispielen kommt das Auto nicht von einem Augenblick zum nächsten von 0 auf 100. Es rollt langsam an und nimmt sich dann etwas Zeit, bis es seine Höchstgeschwindigkeit erreicht hat (»easing in«). Wenn der Fahrer die Bremse betätigt, hält das Auto auch nicht unmittelbar an, sondern wird langsamer, bis es schließlich zum Stillstand kommt (»easing out«).

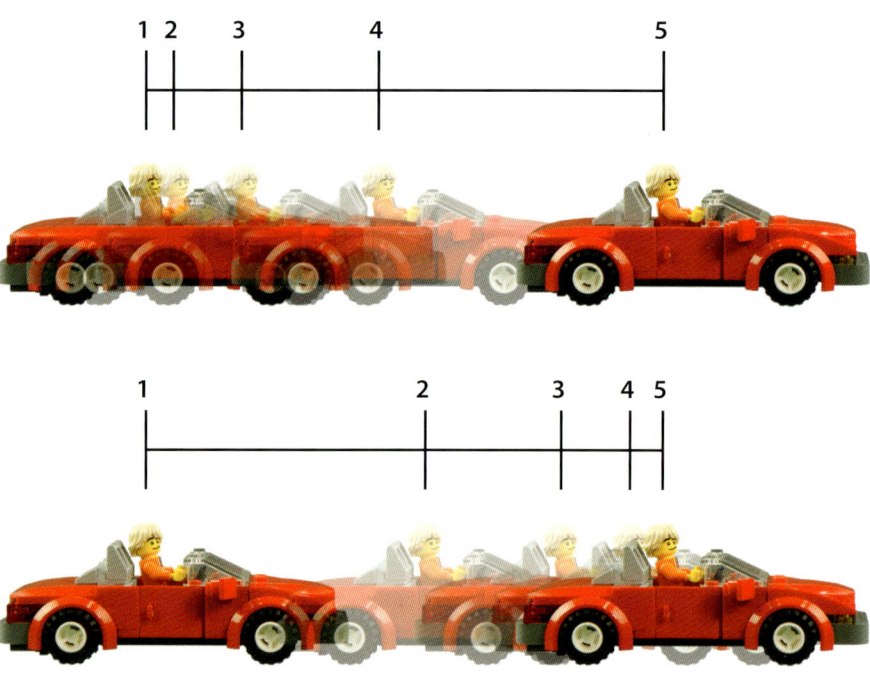

Allmähliches Beschleunigen (oben) und allmähliches Verzögern (unten)

Easing kann sogar so einfache Bewegungen wie das Heben eines Minifigurenarms verbessern. Dabei beginnt die Bewegung langsam, was auf das Gewicht des Körperteils und den Gegenzug der Schwerkraft hindeutet. Dann wird der Arm schneller – jetzt kommen die Muskeln der Minifigur zum Tragen (wenn sie denn welche hätte). Wenn sich der Arm der endgültigen Stellung nähert, wird er wieder langsamer und hält schließlich ganz an.

Ein Gefühl für Gewicht und Geschwindigkeit bekommst du am besten durch Beobachtung. Schau dir deinen Lieblingsfilm mit dem Finger auf der Taste für die Wiedergabe in Zeitlupe an und studiere, über wie viele Einzelbilder sich eine Aktion erstreckt und wie weit sich die Objekte dabei jeweils bewegen. Du kannst auch selbst reale Bewegungen aufnehmen und sie dir Einzelbild für Einzelbild ansehen.

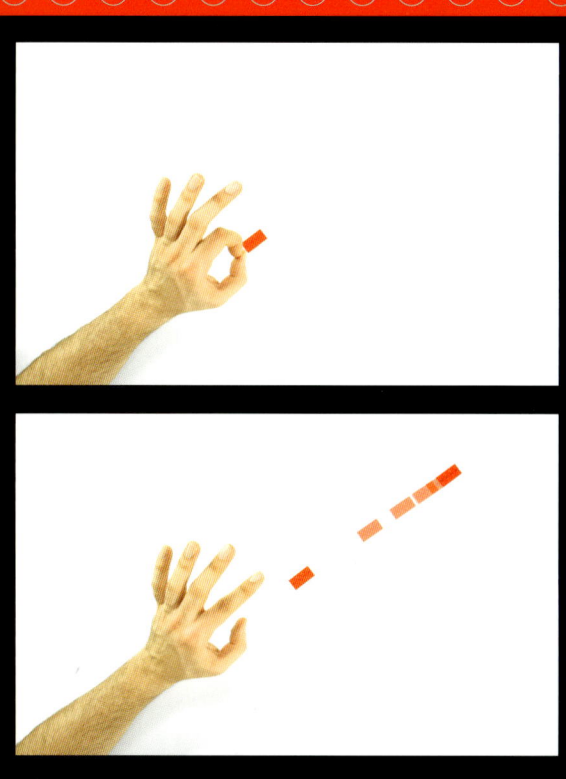

Schnipse einen 2 × 4-Stein über eine Oberfläche und sieh zu, wie er allmählich langsamer wird.

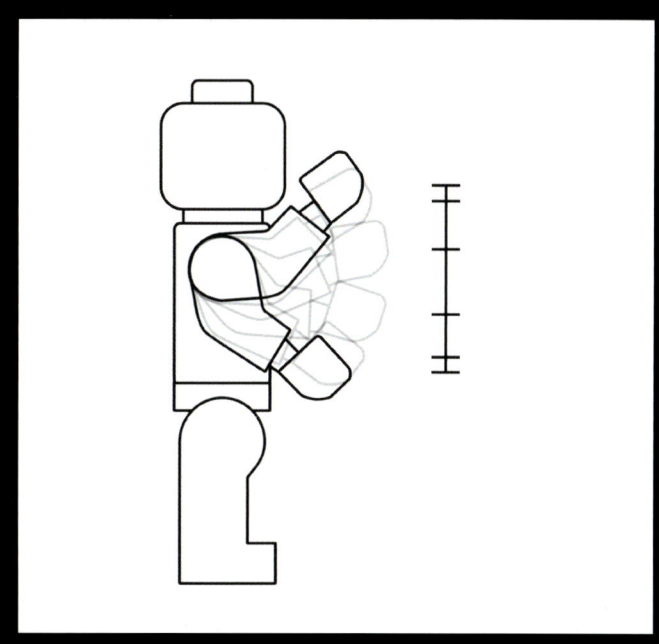

Durch Easing kannst du auch in den Gesten von Minifiguren einen Eindruck von Gewicht und Gefühlen vermitteln.

Übung: Pendelanimation

Sehen wir uns zeitliche und räumliche Abstimmung sowie Easing an einem klassischen Beispiel an, nämlich einem schwingenden Pendel. Wir haben diese Animation flach auf einer Oberfläche gefilmt, wobei die Kamera senkrecht nach unten auf den Tisch zeigte.

Die Pendelscheibe befindet sich zunächst in Ruhe auf einer Seite (1), beginnt dann aber zu beschleunigen und sich im Bogen nach unten zu bewegen. Am tiefsten Punkt des Bogens hat die Scheibe ihre höchste Geschwindigkeit (4). Wenn sie danach auf der anderen Seite nach oben schwingt, wird sie von der Schwerkraft wieder gebremst. An der äußersten Auslenkung hält sie kurz an (7), bevor sie dann wieder zurück in die andere Richtung schwingt.

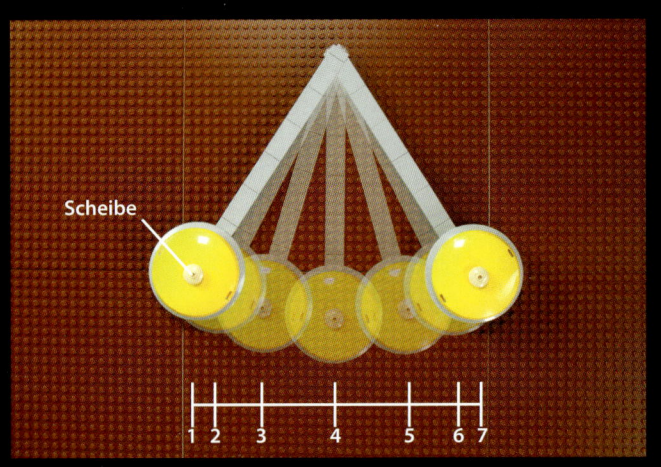

Scheibe

Versuche ein Pendel deiner eigenen Konstruktion zu animieren und greife dabei auf dieses Bild als Leitlinie zurück. Achte genau darauf, wie sich die Entfernungen, die die Pendelscheibe zwischen den Einzelbildern zurücklegt, in Abhängigkeit davon ändern, wie schnell sie sich in den verschiedenen Phasen bewegen soll.

Einleiten, Weiterführen und Zurücksetzen

Die *Einleitung* (»anticipation«) ist die Vorbereitung auf eine Bewegung. Dabei geht nicht nur das Objekt oder die Figur in Stellung, sondern es wird auch den Zuschauern signalisiert: »Passt auf! Gleich passiert etwas!« Diese Phase kann kurz oder lang sein, nur angedeutet oder offensichtlich. Es kann sich dabei um eine lange und ausführliche Aufwärmphase handeln, bevor eine Figur etwas tut, oder auch nur um einen flüchtigen Blick zur Seite, bevor sie die Szene verlässt.

Stell dir eine Person vor, die einen Ball wirft. Es ist dabei nicht so, dass sie einfach den Arm hebt und der Ball wegfliegt. In Wirklichkeit bereitet sie sich auf den Wurf vor, indem sie sich zurücklehnt. Dies ist die Einleitung der Bewegung.

Nachdem die Person den eigentlichen Wurf ausgeführt hat, hält ihr Körper auch nicht einfach an, sondern bewegt sich zunächst noch in Wurfrichtung weiter. Diese Fortsetzung des Impulses unmittelbar nach Durchführen einer Aktion wird als *Weiterführen* (»follow-through«) bezeichnet.

Schließlich nimmt der Werfer wieder eine neutrale Haltung in aufrechter Stellung ein. Diese Bewegungsphase nennen wir *Zurücksetzen* (»recovery«).

Der Werfer hebt plötzlich seinen Arm, und der Ball fliegt davon – so verläuft die Bewegung in der Wirklichkeit nicht!

Hier bereitet sich der Werfer auf den Wurf vor und leitet damit die Bewegung ein (A bis C). Anschließend führt er die Bewegung fort, indem sich sein Körper weiter vorwärts bewegt, nachdem der Ball seine Hand schon verlassen hat (F).

Bögen

In der Natur bewegen sich Objekte selten in geraden Linien. Tiere, Planeten und Blätter im Wind folgen gewöhnlich gekrümmten Linien oder *Bögen*. Bei dem springenden Ball aus einer der vorhergehenden Übungen kannst du diese bogenförmige Bewegung sehr gut erkennen. Selbst die Bewegung einer Person, die in gerade Linie vorwärts geht, hat ein bogenförmiges Element, nämlich das leichte Auf und Ab ihres Körpers bei jedem Schritt.

Welche Form sollte ein solcher Bewegungsbogen haben? Groß und eng? Breit und flach? Langsame Objekte folgen großen, runden Bögen, schnelle dagegen flacheren Bögen mit fast geraden Linien.

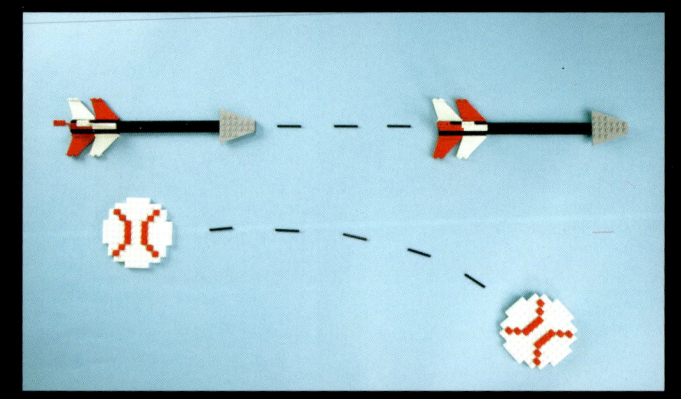

Im Gegensatz zu schnellen Objekten (deren Bewegungsbögen nahezu gerade sind) sinken langsame Objekte schließlich in einer stärker gekrümmten Linie nach unten.

Zum Glück folgen die beweglichen Elemente von Minifiguren von Natur aus Bogenlinien. Das kannst du sofort erkennen, wenn du die Arme oder den Kopf einer solchen Figur drehst. Wenn die Minifiguren aber irgendetwas mit anderen Objekten anstellen oder wenn sie sich durch ihre Umgebung bewegen, musst du auf bogenförmige Bewegungen achten.

Ob ein fallendes Blatt herniederschießt oder durch die Luft gleitet, es folgt stets bogenförmigen Linien.

Dank der Gelenke von Minifiguren ist es ganz einfach möglich, Anna ihren Zauberstab in einem Bogen schwenken zu lassen.

Übung: Eine Minifigur springen lassen

Wenden wir diese Prinzipien nun in der Praxis an, indem wir eine Minifigur nach vorn springen lassen.

A. Zu Anfang steht die Minifigur in einer neutralen Haltung.

B. Lass die Minifigur den Sprung *einleiten*, indem sie sich vorwärts lehnt und die Arme nach hinten schwingt. Biege die Arme dabei so weit wie möglich nach hinten – *übertreibe* die Bewegung!

C. In den nächsten paar Einzelbildern soll die Minifigur ihre Arme schnell nach vorn schwingen und ihren Körper strecken, wenn sie den Boden verlässt.

D. Sorge dafür, dass die Figur beim Springen einem schönen *Bogen* folgt. Wenn sie den höchsten Punkt ihrer Bahn erreicht, solltest du eine *Stauchung* hinzufügen, wobei sich die Figur zu einer kompakteren Form krümmt.

E. Auf dem Weg nach unten hält die Minifigur ihre Arme weiterhin nach oben und folgt der Fortsetzung des Bogens, während sich ihr Körper zur Einleitung der Landung wieder streckt. (Beachte, dass sich die Mütze hier ein bisschen vom Körper gelöst hat, um eine gewisse *Dehnung* zu erzielen.)

F. Nachdem die Minifigur auf dem Boden angekommen ist, *führt sie die Bewegung weiter*, indem sie sich in den folgenden Einzelbildern weiter nach vorn beugt und die Arme senkt. Der Sprung ist zwar vollendet, aber der Körper bewegt sich nach wie vor.

G. Schließe die Bewegung dadurch ab, dass du den Körper der Minifigur wieder auf eine neutrale Stellung *zurücksetzt*.

Anders als bei den Diagrammen zum Schrittzyklus stehen die mit Buchstaben bezeichneten Phasen hier (und in anderen Beispielen) nicht für Einzelbilder der Animation. Du musst nach eigenem Ermessen entscheiden, wie viele Einzelbilder nötig sind, um von einer Stellung zur nächsten zu gelangen.

Überlappende Bewegungen

In jeder Szene muss deine Figur mindestens eine Hauptaktion ausführen. Wie wir in Kapitel 2 gesehen haben, werden solche Aktionen gewöhnlich aus kleineren Bewegungen aufgebaut. Nehmen wir an, die Hauptaktion einer Szene besteht darin, dass sich zwei Figuren mit einem »High Five« begrüßen. Diese Aktion können wir wie folgt in die Bewegungen der einzelnen Figuren zerlegen:

A. Die Figuren stehen in neutraler Stellung.
B. Sie wenden einander den Kopf zu.
C. Sie wenden einander den Körper zu.
D. Sie beugen sich leicht vor, um die Bewegung einzuleiten.
E. Sie heben ihre Arme.
F. Sie lehnen sich zurück.
G. Sie recken ihre Hände jeweils dem anderen entgegen.
H. Sie beugen sich vor.
I. Sie klatschen sich gegenseitig auf die Hand.

Roboter würden diese einzelnen Bewegungen tatsächlich nacheinander ausführen, als ob sie eine Liste von programmierten Anweisungen abarbeiteten: *Erste Bewegung abschließen; stopp; zweite Bewegung abschließen; stopp; …*

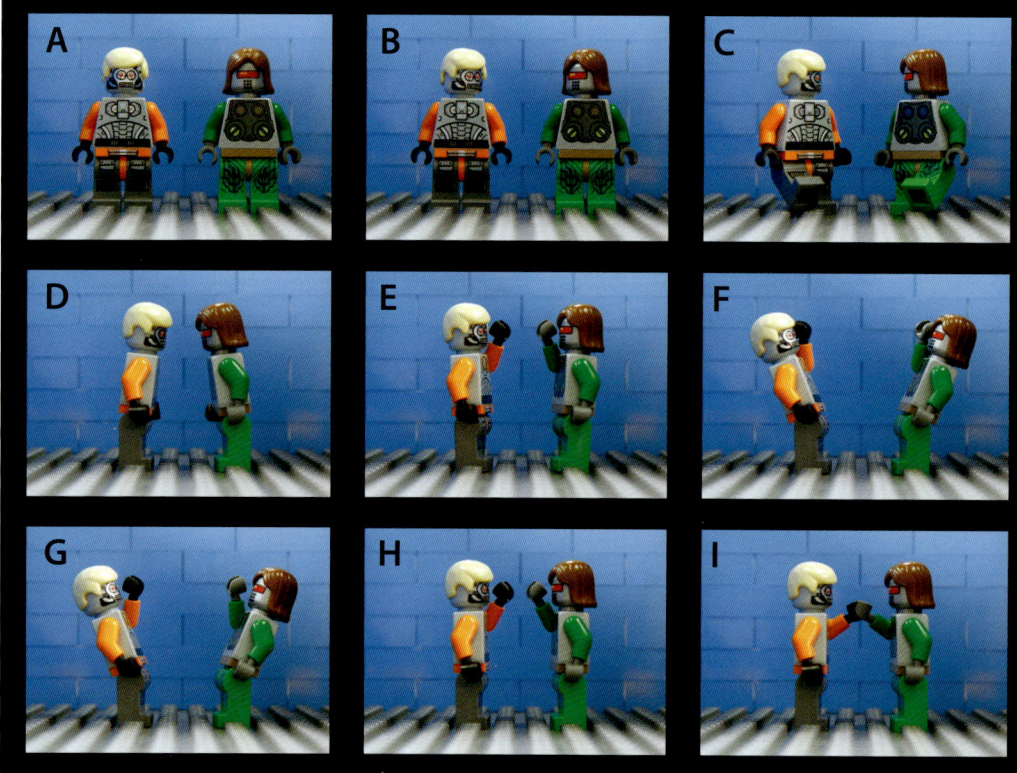

Die Bewegungen sind mechanisch korrekt, aber Annabot und Mattron spiegeln nicht die Begeisterung wider, die in einem High Five zum Ausdruck kommt.

Lebewesen dagegen führen diese Bewegungen nicht eine nach der anderen aus, sondern *überlappend*, sodass sie teilweise gleichzeitig ablaufen. Das heißt jedoch nicht, dass die Figuren *alles* auf einmal machen. Bei überlappenden Bewegungen musst du einen Ausgleich finden und sie so gliedern, dass nur *einige* von ihnen gleichzeitig zu erfolgen scheinen.

Sehen wir uns an, wie Anna und Matt eine High-Five-Begrüßung durchführen. Als Erstes wenden sie sich einander gleichzeitig mit dem Kopf und dem Körper zu, während sie sich auch schon vorbeugen, um die Bewegung einzuleiten. Während sie dann ihre Arme heben, lehnen sie sich auch schon zurück. Dann beugen sie sich endlich einander entgegen, und wenn das geschehen ist, senken sie die Arme, bis sie sich in der typischen Geste der Freundschaft und des Erfolgs treffen.

Um den High Five noch zu betonen, kannst du die zweitletzte Pose (G, H) wiederholen, nachdem sich die beiden gegenseitig auf die Hand geklatscht haben.

Überlappende Bewegungen verleihen der animierten Darbietung deiner Figuren Tiefe und Vielschichtigkeit. Wenn deine Minifigur von einer Geste zu einer anderen übergeht, kannst du diesen Wechsel durch Überlappung wie eine einzige, fließende Bewegung erscheinen lassen. Auch eine Weiterführung kannst du damit erreichen: Du kannst die Körperbewegungen einer Minifigur überlappen lassen, sodass sich der Kopf und die Arme noch einige Einzelbilder lang weiterbewegen, nachdem der Rumpf seine Bewegung schon ausgeführt hat. Stell dir solche überlappenden Körperbewegungen einer einzelnen Figur wie eine Kettenreaktion vor: Erst bewegt sich ein Teil des Körpers, dann führen andere Körperteile die Bewegung weiter.

Während sich Anna zur Seite dreht, folgen ihre Arme der Bewegung. Nach der vollständigen Drehung des Körpers bewegen sich die Arme aber noch einige Einzelbilder lang weiter, um aufzuholen.

Unterstützende Aktionen

Mithilfe von *unterstützenden Aktionen* kannst du die Bewegungen deiner Figuren noch vielschichtiger machen. Solche Handlungen setzen zusätzliche Akzente, um die Hauptaktion zu unterstützen. Sie sind für die eigentliche Handlung nicht unverzichtbar, können ansonsten unspektakuläre Bewegungen aber variieren und interessanter machen.

Betrachten wir als Beispiel eine der am häufigsten vorkommenden Hauptaktionen, nämlich das Gehen. Für sich selbst genommen ist eine Gehbewegung nicht sehr spektakulär. Die Figur setzt einen Fuß vor den anderen und wiederholt diese Bewegung nach Bedarf. Die Hauptaktion »eine Figur geht« kann jedoch durch eine zusätzliche Aktion unterstützt werden, etwa dadurch, dass die Figur ein Tablett mit etwas zu essen trägt; oder jongliert; oder einen Koffer schwenkt.

Selbst das Gegenschwingen der Arme beim Gehen stellt schon eine unterstützende Aktion dar. Die Hauptaktion – das Gehen – kann auch ohne diese Bewegung erfolgen, wäre dann aber weniger interessant.

Unterstützende Aktionen verleihen Anna einen anderen Gang und zeigen, was in ihr vor sich geht.

Wie mit überlappenden Bewegungen kannst du auch mit unterstützenden Aktionen eine Weiterführung der Bewegung erreichen. Wenn die Hauptaktion einer Minifigur darin besteht, den Kopf zu schütteln, kann auch ein glatzköpfiger Darsteller diese Bewegung gut vermitteln. Aber du kannst noch eine unterstützende Aktion hinzufügen – nämlich eine Bewegung der Haare! Setzte der Figur ein Haarteil auf und lass sie wiederum den Kopf schütteln, aber lass die Bewegung der Haare immer wenige Einzelbilder hinter der Kopfbewegung herhinken.

A

B

C

D

E

F

G

H

A

B

C

D

Diese Bewegungen des haarlosen Kopfes stellen ein überzeugendes Kopfschütteln dar. Wenn du aber eine Frisur und eine Weiterführung der Bewegung hinzufügst, hast du schon den idealen Ablauf für eine Shampoo-Werbung!

Ein weiteres Beispiel ist ein Superheld, dessen Hauptaktion darin besteht, von oben in die Szene zu springen. Hier kannst du als unterstützende Aktion ein wehendes Cape hinzufügen. Das Cape kann wenige Einzelbilder lang zur Ruhe kommen, nachdem die Figur in der Szene angekommen ist, was eine realistische Weiterführung der Bewegung ergibt und auch sehr dekorativ aussieht.

Mit unterstützenden Aktionen kannst du zusätzliches Interesse wecken, sie sollten aber niemals im Mittelpunkt stehen. Wenn du damit die Handlung aufpeppen kannst, ist das eine tolle Sache, aber wenn sie von der Hauptaktion ablenken, solltest du lieber darauf verzichten. Animation ist eine Form von Kommunikation, weshalb Klarheit das A und O ist.

Dieser Superheld mag zwar in der Lage sein, ein Verbrechen zu verhindern, aber die Zuschauer könnten ihn auch für einen einfachen Passanten in Strumpfhosen halten.

Mit einer unterstützenden Aktion in Form eines wehenden Capes gibst du der Szene eine Weiterführung der Bewegung und mehr Superheldenflair.

Bei dieser unübersichtlichen Platzierung verhindern die Möbel, dass die Zuschauer die zauberhafte Wirkung des »Sombäros« genießen können.

Platzierung und Bühnenbild

Apropos Klarheit: Kommen wir nun dazu, wie du deine Animation auf übersichtliche und leicht verständliche Weise inszenieren kannst. Sofern du dein Publikum nicht absichtlich verwirren willst, sollte es stets in der Lage sein, dem Geschehen zu folgen.

Wenn du dich in einer Szene auf zwei Figuren konzentrierst, sollten sich diese beiden Figuren auch im Vordergrund und in der Mitte befinden und nicht irgendwo hinter dem Busch oder sonstigen Hindernissen versteckt, die verhindern, dass die Kamera (und damit das Publikum) sieht, was vor sich geht. Räume alles Störende aus dem Weg.

Manchmal können sich Figuren auch selbst im Weg stehen. Minifiguren weisen im Grunde genommen ein elegantes Design auf, sehen aber nicht aus jedem Blickwinkel gut aus. Eine gute Möglichkeit, um die Platzierung deiner Figuren zu überprüfen, besteht darin, sie dir als Schattenrisse vorzustellen. Wären die Handlungen deiner Darsteller immer noch klar, wenn du nur die Silhouette sehen könntest? Wenn du die Figuren so drehst, dass ihre Bewegungen auch im Schattenriss noch aussagekräftig bleiben, sind ihre Handlungen für das Publikum erkennbar.

Wenn deine Figur auf etwas zeigt, musst du sie so platzieren, dass die Zuschauer die Hand deutlich erkennen können.

Achte auch auf andere Aspekte wie etwa die Farbe. Wenn eine Figur hellblaue Kleidung trägt und damit vor einem hellblauen Hintergrund steht, kann sie leicht untergehen.

Kontrastierende Farben sorgen dafür, dass sich Figuren vom Hintergrund abheben.

Du musst nicht nur die Handlung für das Publikum klar und verständlich machen, sondern auch dir selbst als Animator das Leben erleichtern. Denke beim Aufbau des Bühnenbilds an die Wege, die deine Darsteller zurücklegen müssen, und platziere Figuren, Requisiten und Fahrzeuge an Stellen, wo sie auch das tun können, was sie wollen.

Sehen wir uns als Beispiel eine Szene an, deren Haupthandlung darin besteht, dass eine Figur zu einem Tisch geht und dort nach ihrem Kaffeebecher greift. Wenn das Mobiliar wahllos im Zimmer verstreut ist, muss die Figur einen langen und umständlichen Weg einschlagen, um von der Tür zum Tisch zu kommen.

Zur Vereinfachung solltest du dafür sorgen, dass die Figur auf möglichst direktem Wege und ohne Hindernisse ans Ziel kommen kann. Dadurch kannst du viel Zeit sparen, sowohl Zeit für die Animation als auch Laufzeit des Films. (Und du ersparst deinen Zuschauern Verwirrung und Langeweile.)

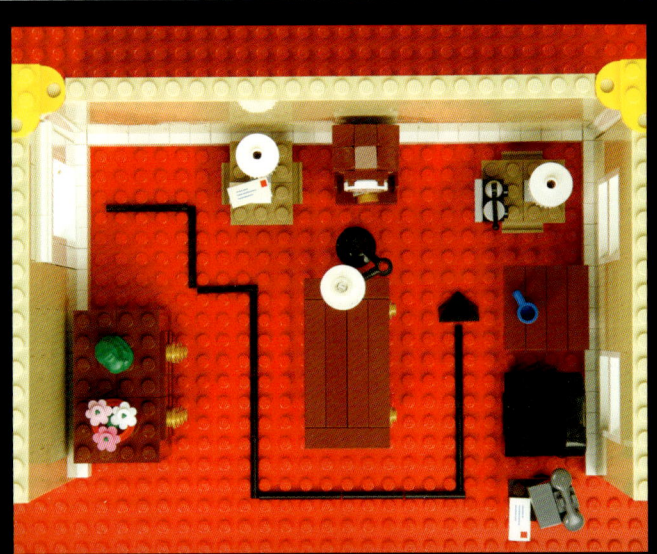

Dieser Raum schreit geradezu nach einem Innenarchitekten. In diesem chaotischen Zustand ist er jedenfalls ein Feng-Shui-Albtraum.

Hier kann die Figur auf viel direkterem Wege von der Tür zu ihrem Kaffeebecher kommen. Die zusätzliche diagonal eingebaute Platte macht es leichter, die Figur in einer schrägen Linie gehen zu lassen.

Platziere Requisiten dort, wo deine Figuren sie leicht erreichen können.

Bei der Gestaltung des Bühnenbilds musst du auch darauf achten, Figuren, Requisiten und Fahrzeuge so zu platzieren, dass sie ihre vorgesehenen Aufgaben erfüllen können. Wenn eine Figur beispielsweise einen Kaffeebecher anheben soll, muss sich zunächst einmal ein Kaffeebecher in der Szene befinden – und zwar an einer Stelle, an der die Figur ihn auch erreichen kann.

Denke dabei auch an die physischen Einschränkungen deiner Figuren. Wenn es nicht genug Platz gibt, kann dein Darsteller seine Beweglichkeit nicht voll ausnutzen. Wenn er zu nah am Tisch steht, ist er physisch nicht in der Lage, den Becher zu ergreifen.

Du solltest das Bühnenbild und die Platzierung der Figuren vor Beginn der Animation genau durchdenken, am besten sogar schon, wenn du das Storyboard erstellst (Kapitel 7) oder deine Einstellungen planst (Kapitel 8). Vorläufig aber merke dir: Einfach ist gut!

Wenn Matt zu nah am Tisch steht, ist seine Beweglichkeit eingeschränkt. Gib ihm eine Noppe mehr Platz, sodass er seinen Arm heben und nach dem Kaffeebecher greifen kann.

Versuch und Irrtum

Als Letztes müssen wir noch das Prinzip von *Versuch und Irrtum* ansprechen. Dies ist keines der klassischen Animationsprinzipien, sondern die Vorgehensweise, mit der sie entwickelt wurden. Woher weißt du, dass etwas funktionieren wird? Du musst es ausprobieren. Hier kommt wieder die Wissenschaft ins Spiel, genauer gesagt, die *wissenschaftliche Methode*, nach der du wie folgt vorgehst:

- **Beobachte:** Wir haben bereits gesagt, dass Animatoren sich darin üben müssen, Menschen zu beobachten. Hier aber geht es um mehr als das: Beobachte *alles*, was sich in der Realität bewegt. Wie schlägt etwas auf den Boden auf, wenn du es fallen lässt? Welche Körperhaltung nimmt eine Person ein, die sich erschreckt? Sei aufmerksam, mach dir Notizen und fertige Skizzen an.
- **Stelle Fragen:** Scheue dich nicht, Fragen zu stellen. Wenn du nicht sicher bist, wie etwas aussieht, wie es sich bewegt oder wie es funktioniert, dann forsche nach oder frage andere Personen, bevor du blinde Vermutungen anstellst. Sehr wahrscheinlich hat sich schon jemand anderes mit diesem Thema beschäftigt und kann dir mit den Antworten aushelfen.
- **Experimentieren:** Die direkteste Lernmethode besteht darin, etwas zu tun. »Ich glaube, ein Hund bewegt sich auf diese Weise … das werde ich einfach mal ausprobieren!« Fang dabei klein an und arbeite dich vor. Bevor du dich an dein kinematografisches Magnum Opus machst, erstelle Testanimationen von Figuren, die Sprünge ausführen oder welche anderen obskuren Animationen du auch immer für deinen Film brauchst. Wie bereits gesagt, ist es nicht damit getan, bloß dieses Buch zu lesen. Schalte deine Kamera ein und stelle unsere Beispiele nach oder animiere einige Testbewegungen, die du dir selbst ausgedacht hast. Für solche Testanima-

tionen brauchst du keine ansprechenden Kulissen. Sie sollen dir nur helfen herauszufinden, ob deine Animationen funktionieren.

- **Überprüfe deine Ergebnisse:** Ist bei deinen Testaufnahmen das herausgekommen, was du dir gewünscht hast? Hervorragend! Waren die Ergebnisse völlig bizarr und nicht das, was du dir vorgestellt hast? Auch das ist gut, denn Fehler sind eine hervorragende Gelegenheit, um zu lernen, wie man es besser machen kann. Hab keine Angst vor Fehlschlägen, sondern akzeptiere sie. Wenn du weißt, was nicht funktioniert, kannst du leicht herausfinden, was funktioniert. Geh einfach zurück an deine Arbeit und probiere es erneut.

Die Prinzipien der Animation sind abstrakter Natur, weshalb es keinen Ersatz für eigenes Ausprobieren gibt. Auf diese Weise improvisieren sowohl Amateure als auch Profis. Das mag sich so anhören, als ob man mit dem Lernen nie aufhören würde, aber genau darum geht es! Durch Übung wird man nicht perfekt, aber man kommt immer näher heran.

> Jedes Projekt ist eine Gelegenheit, etwas Neues auszuprobieren. „Versuchen wir doch mal, einen dreibeinigen Roboter gehen zu lassen!" oder: „Wie lasse ich eine Animation so aussehen, als wäre sie unter Wasser gedreht?"
>
> Manchmal ist das Ergebnis nicht so wie gewünscht, aber was ich aus diesen Experimenten lerne, kann ich beim nächsten Projekt anwenden.

4 Bauen für Brickfilme

Animationsgerechtes Bauen ist anders als das Bauen von Modellen zum Spielen oder Ausstellen. Deine Brickfilmkulissen sollen stabil, aber vielseitig sein, eindrucksvoll aussehen und Platz genug bieten, sodass sich deine Darsteller darin bewegen können.

Glücklicherweise musst du die Welt, in der deine Filme spielen, nicht komplett nachbauen. Wie bei Realfilmen können deine Kulissen auch einfach nur Fassaden sein. Um den Eindruck eines dahinrasenden Autos zu erwecken, kannst du den Hintergrund verschieben, und deine Hilfsmittel kannst du im Set verstecken. In diesem Kapitel lernst du all diese und noch weitere Techniken kennen.

Stabile Sets bauen

Gegen das Filmset zu stoßen ist alles andere als lustig. Das A und O der Stop-Motion-Animation sind winzige, präzise Änderungen zwischen den Einzelbildern, und selbst der kleinste Stupser kann stundenlange Arbeit zunichte machen. Es gibt kleine Postproduktionstricks, mit denen du die Auswirkungen von gelegentlichen Stößen glätten kannst, aber am besten ist es, sie von vornherein zu vermeiden, indem du ein stabiles Set baust.

Bei der Einrichtung des Arbeitsplatzes in Kapitel 1 haben wir schon erwähnt, dass du sämtliche Ausrüstung sichern musst, sodass sie sich nicht bewegen kann. Das Gleiche gilt auch für das Set. Wenn du Kulissen, Requisiten, Fahrzeuge und Figuren baust, musst du dafür sorgen, dass sich ihre Teile nur dann bewegen, wenn du es willst. Schließlich bist du der Regisseur deines Films!

Baue das Set für deinen Animationsfilm stabil, sodass es beim Dreh nicht zusammenbricht.

Stop-Motion ist ein Geschicklichkeitsspiel. Wenn sich Beleuchtung, Kamera und Kulissen auf engstem Raum tummeln, wird es schwierig, bei der Arbeit nichts umzuwerfen.

Mach dir keinen Stress, wenn während der Aufnahmen ein oder zwei Stöße gegen das Set vorkommen. Selbst bei einer stärkeren Erschütterung des Sets mache ich einfach weiter.

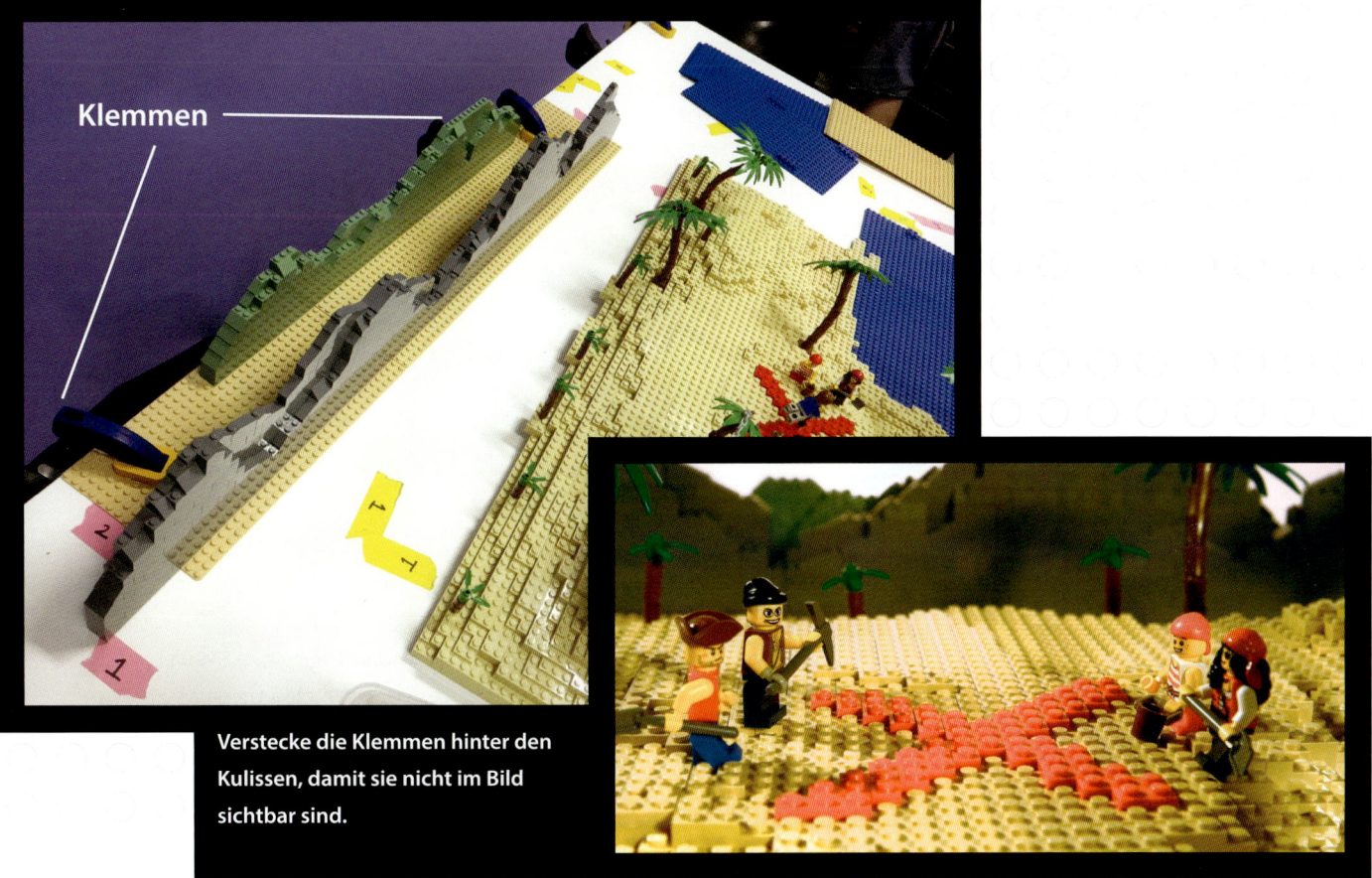

Klemmen

Verstecke die Klemmen hinter den Kulissen, damit sie nicht im Bild sichtbar sind.

Die Grundplatten festhalten

Die wichtigsten Elemente, um deine Sets an Ort und Stelle zu halten, hast du glücklicherweise schon in deiner Sammlung, nämlich *Grundplatten*. Sie geben ein solides Fundament für deine Brickfilmsets ab, das flach auf deiner Animationsbühne liegt. Außerdem bilden sie hervorragende Fußböden für Innenräume und sind in vielen Farben erhältlich.

Beim Kulissenbau solltest du an den Rändern der Grundplatte Platz freilassen, um die Platte auf deiner Animationsbühne zu befestigen. Dazu kannst du die vier Ecken der Platte einfach mit Kreppband festkleben. Wenn du lieber mit Klemmen arbeitest, musst du möglicherweise Erweiterungen an die Grundplatte anbauen, um bis an die Tischkante zu kommen. Wie auch immer du vorgehst, musst du in jedem Fall darauf achten, dass die Befestigung für die Kamera nicht sichtbar ist.

Baue stabil und halte immer einen Gummihammer griffbereit.

Feste Verbindungen herstellen

Nutze beim Kulissenbau die *Kupplungskraft* voll aus. Damit wird die Fähigkeit von LEGO-Steinen bezeichnet aneinanderzuhaften. Prüfe beim Bauen immer wieder die Noppenverbindungen auf Festigkeit und ordne die Steine überlappend oder versetzt an, damit deine Konstruktionen nicht auseinanderbrechen.

Sorge auch dafür, dass deine Modelle fest mit der Grundplatte verbunden sind. Mit leichten Schlägen eines kleinen Gummihammers kannst du deine Konstruktionen sicherer auf der Grundplatte befestigen.

Instabile Elemente sichern

Im Allgemeinen solltest du davon absehen, folgende instabile Elemente in Filmkulissen zu verwenden:

- Räder, Propeller und alles andere, was sich ungehindert dreht
- Baum- und Pflanzenelemente, die nicht fest verbunden werden können
- Gummiartige Haarteile
- Reibungsfreie Technic-Pins
- Teile offizieller LEGO-Kästen, die dafür vorgesehen sind, dass man sie beim Spielen leicht entfernen kann

Wenn du solche Elemente unbedingt benötigst, kannst du sie mit Kitt oder ähnlichen Klebmassen befestigen.

Der »lose Mann« wollte gern in *The Magic Picnic* mitspielen, aber er war zu instabil, um ihn zu animieren.

Kitt eignet sich hervorragend, um Objekte zu sichern, die keine geeigneten Noppenanschlüsse aufweisen. Bei richtiger Platzierung ist er im Kamerabild kaum zu sehen.

Das Set überprüfen

Wenn du das Set so aufgebaut hast, wie du es dir vorgestellt hast, musst du es noch einer Endkontrolle unterziehen. Kommst du mit deinen Händen in alle Bereiche, in denen du etwas animieren musst? Hängen irgendwelche Teile herunter, gegen die du während der Arbeit stoßen könntest? Sehr oft denkt man an solche Probleme erst, wenn man schon mit den Aufnahmen begonnen hat, aber je eher du für die Stabilität deines Sets sorgen kannst, umso besser.

Bewegungen beim Bauen vorsehen

Die Dinge, die du gebaut hast, müssen sich im Film möglicherweise neigen, drehen oder voneinander lösen können. Auch hierbei ist es wieder entscheidend, dass *du* bestimmst, wann diese Bewegungen auftreten.

Bewegung

Bei der Bewegung geht es meistens um die Darsteller. Bei Minifiguren kannst du Arme, Beine, Kopf und Hände bewegen. Es ist aber auch möglich, bewegliche Kulissen und Requisiten zu bauen.

Scharniere, Drehplatten, Clips, Pins und Kugelgelenke sind unverzichtbare Elemente für die beweglichen Teile deiner Kulissen, Requisiten und Fahrzeuge. Sie sind eigens dafür gedacht, Objekte beweglich zu gestalten, und dank ihrer verschiedenen Formen, Größen und Farben kannst du sie nahtlos in deine Modelle einbauen.

Scharniere, Clips und Stäbe

- ☙ **Ideal für:** Bewegungen mit einem eindeutigen Anfangs- und Endpunkt entlang einer Achse.
- ☙ **Nachteile:** Sehr schwerkraftanfällig.
- ☙ **Beispielanwendungen:** Schwenktragflächen von Raumschiffen, Mäuler von Ungeheuern, Flugzeugfahrwerke.

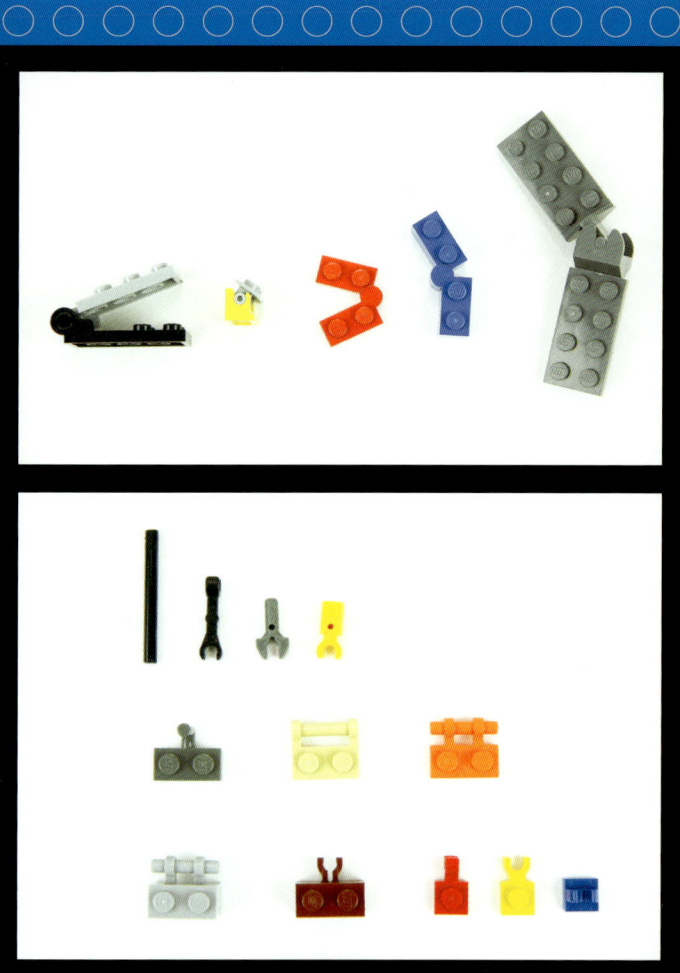

Drehplatten und Pins

- 🔩 **Ideal für:** Stufenlose Drehung um eine einzige Achse.
- 🔩 **Nachteile:** Lose; unbeabsichtigte Bewegung lässt sich nur schwer vermeiden.
- 🔩 **Beispielanwendungen:** Schreibtischstühle für Minifiguren; Requisiten, die sich drehen, schwanken oder hängen; Räder an einem Bus.

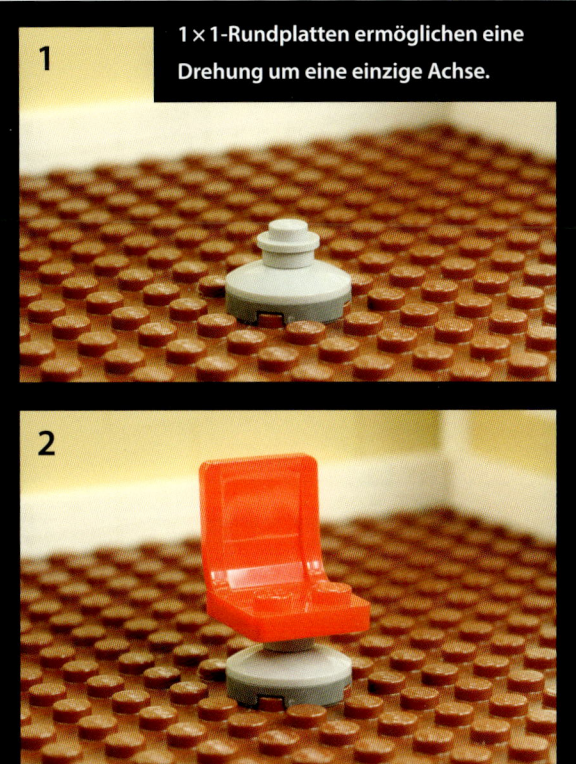

1 1 × 1-Rundplatten ermöglichen eine Drehung um eine einzige Achse.

2

Ich verwende 1×1-Rundplatten als Drehplatten Marke Eigenbau, wenn ich einen Stuhl für meine Figuren brauche. Wenn ich das Röhrchen an der Unterseite des Stuhls auf die Noppe der Rundplatte aufstecke, erhalte ich eine Verbindung, die zwar fest ist, aber immer noch eine Rundumdrehung des Stuhls ermöglicht.

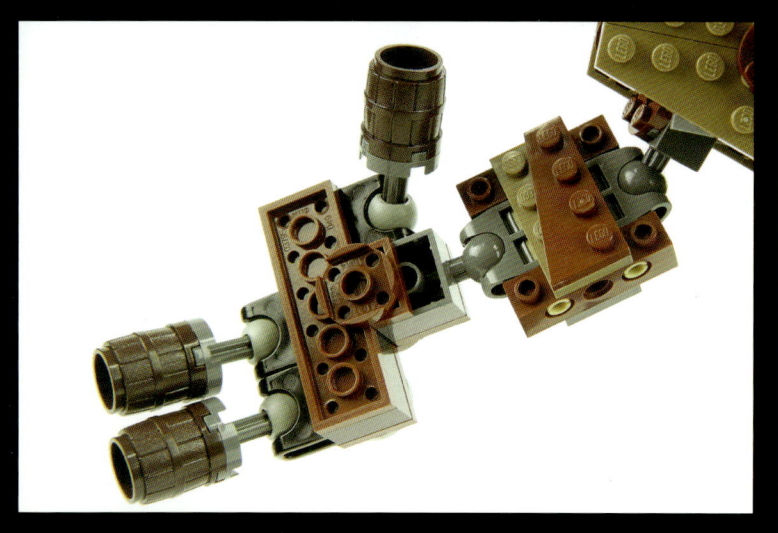

Kugelgelenke

- 🎲 **Ideal für:** Freie, stufenlose Drehung um mehrere Achsen.
- 🎲 **Nachteile:** Es kann knifflig sein, damit genaue Bögen abzufahren oder die Ausrichtung zu bewahren.
- 🎲 **Beispielanwendungen:** Roboterarme, Drachenflügel, versteckte Stützkonstruktionen für Minifiguren.

Einrastscharniere

Einige Scharniere und Drehplatten rasten mit einem hörbaren Klicken ein. Dadurch können sie nicht stufenlos bewegt werden, sind dafür aber stabiler. Für geschmeidige Bewegungen sind diese Elemente nicht geeignet, aber wenn du ein Gelenk brauchst, das eine bestimmte Winkelstellung genau einhalten kann, oder eine Drehplatte, die sich alle paar Sekunden exakt um 360° dreht, dann sind das die richtigen Bauteile für deine Zwecke.

Für die Beine von großen Robotern werden gern Einrastscharniere verwendet, um ihnen mehr Stabilität zu verleihen, während die Kugelgelenke den Armen eine größere Beweglichkeit geben.

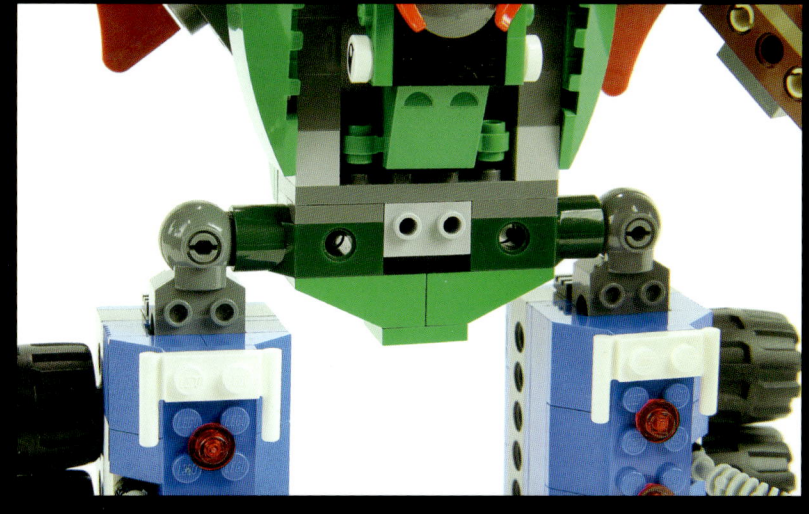

Elemente voneinander lösen

Manchmal musst du Objekte bauen, die sich während der Animation voneinander lösen oder bewegen, beispielsweise Berge, die vorbeizuhuschen scheinen, oder eine zusammenbrechende Wand. Für alle diese Fälle gibt es besondere Bautechniken. Die wichtigen Elemente dafür sind *Brückenplatten* und *Kacheln*.

Brückenplatten

Es gibt verschiedene Varianten von Brückenplatten. Die üblichsten Elemente dieser Art sind Platten der Größe 1 × 2 oder 2 × 2 mit jeweils einer Noppe auf der Oberfläche. Dadurch sind sie ideal für Noppenverbindungen geeignet, die zwar fest genug sind, um etwas an Ort und Stelle zu halten, die sich aber bei Bedarf auch leicht wieder lösen lassen.

Wenn eine Figur eine Requisite anheben muss, kannst du dieses Objekt für den ersten Teil der Aufnahme auf einer Brückenplatte befestigen, sodass es sich nicht bewegt. Wenn es ans Aufheben geht, kannst du die Requisite dann leicht lösen und deiner Figur in die Hände geben.

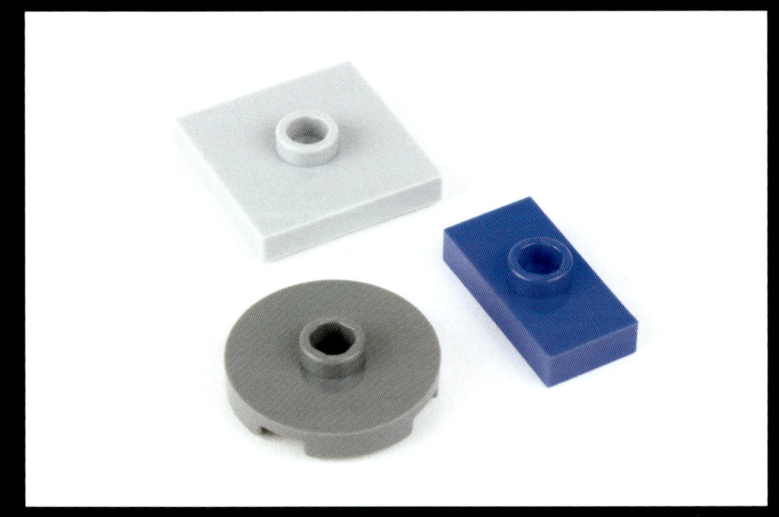

Brückenplatten halten Objekte fest, bis es an der Zeit ist, sie zu bewegen.

Kacheln

Wenn sich irgendetwas in deinem Set gleitend bewegen muss, kannst du das mithilfe von Kacheln erreichen. Bau einen Kanal auf einer Grundplatte, bedecke den Boden mit Kacheln und stelle den beweglichen Teil darauf. Da LEGO-Kacheln keine Noppen aufweisen, sitzt das obere Teil nur locker auf, sodass du es beliebig verschieben kannst.

Das folgende Beispiel zeigt die Verwendung dieser Technik für eine Rennbahn, wobei es so aussieht, als ob die Autos vorbeirasen würden. Die Leitplanke, die Bäume und die Berge im Hintergrund sitzen jeweils in ihren eigenen gekachelten Kanälen. Bei der Animation werden diese Teile verschoben, während die Autos und die Kamera an Ort und Stelle verbleiben. Insgesamt ergibt sich die Illusion einer schnellen Bewegung auf der Piste.

Leitplanke, Bäume und Berge sitzen auf Kacheln auf und können daher verschoben werden.

Du kannst das Dach eines modularen Gebäudes abnehmen, um mit den Figuren in dem detailliert ausgearbeiteten Innenraum zu spielen – oder sie zu animieren.

Vielseitigkeit durch modulare Sets

Die Sets für LEGO-Filme sind sehr viel kleiner als die für Realfilme, doch die Kamera ist von ganz normaler Größe. Was kannst du tun, wenn die Kamera nicht in die engen Räume passt, die du für deinen Film gebaut hast? Oder wenn du deine Hände nicht hineinbekommst, um etwas zu animieren?

Versuche, deine Sets in Form voneinander unabhängiger *Module* zu bauen. Dieses Prinzip kennst du vielleicht schon von der LEGO-Produktreihe *Modular Buildings*. Jedes einzelne Gebäude dieser Reihe ist für sich selbst genommen ein eigenständiges Modul, das mit den anderen kombiniert werden kann. Allerdings ist es selbst wiederum modular aufgebaut, da es aus mehreren Stockwerken besteht, die du trennen und auf verschiedene Weisen zusammensetzen kannst. Sehen wir uns nun an, wie du diese beiden Prinzipien bei der Kulissengestaltung anwenden kannst.

Diese einzelnen Module einer Mondlandschaft in der Größe von Grundplatten wurden auf verschiedene Weisen angeordnet, um mehrere verschiedene Gegenden darzustellen, ohne mehrere Sets bauen zu müssen.

Du kannst eine Reihe von Modulen bauen und dann zu Dutzenden von verschiedenen Sets kombinieren. Das ist vor allem dann praktisch, wenn du nicht so viele Steine hast. Beispielsweise kannst du mehrere Abschnitte eines Strands, einer Höhle oder einer Planetenoberfläche von jeweils der Größe einer Grundplatte bauen und sie dann immer wieder neu anordnen, um den Zuschauern die Illusion zu vermitteln, dass die von dir konstruierte Welt viel größer ist als in Wirklichkeit.

Aber auch ein einzelner Raum kann modular aufgebaut sein. Nehmen wir an, du möchtest eine Szene, die in einem Zimmer spielt, aus verschiedenen Blickwinkeln aufnehmen. Wie bekommst du die Kamera hinein, ohne das ganze Set auseinanderzunehmen und immer wieder neu zu bauen?

Um schon von Anfang Möglichkeiten für die verschiedenen Kamerawinkel einzubauen, gestaltest du den Raum so, dass du ihn zerlegen kannst. Wenn die einzelnen Wände zwar für sich genommen massiv und fest sind, sich aber leicht abnehmen lassen, macht das die Animation innerhalb des Raums viel leichter.

Auf ähnliche Weise geht man auch beim Film und im Theater vor, wobei sogenannte Schiebewände verwendet werden. Die Kulissen für Realfilme und -fernsehsendungen sind so gebaut, dass die Wände verschoben, entfernt und ersetzt werden können, je nachdem, wo Beleuchtung, Kamera und die Schauspieler gerade stehen müssen.

Übung: Ein Set mit einem Raum bauen

Versuche, einen einfachen Raum wie diesen aus dem Film *The Magic Picnic* zu bauen. Er hat nur drei Wände (wie bei einer Sitcom im Fernsehen) und ist so gebaut, dass die einzelnen Elemente leicht ausgebaut und wieder hinzugefügt werden können. So haben wir zur Befestigung der Wände auf der Grundplatte Kacheln und Brückenplatten verwendet.

Du musst darauf achten, dass das Set stabil genug ist, sodass es sich während der Animation nicht bewegt. Es darf aber nicht so fest zusammengefügt sein, dass sich die einzelnen Abschnitte nicht mehr leicht lösen und austauschen lassen.

Brückenplatten und Kacheln ermöglichen ein leichtes Abbauen der Wände.

Wenn du die Wände in Position gebracht hast, klemme sie an den oberen Ecken fest.

Für diese Szene war ursprünglich ein enger Flur vorgesehen. Die Zauberer bei Paganomation haben ihn allerdings kurzerhand in ein geräumiges Treppenhaus verwandelt, um die Animation zu erleichtern.

Ein anderer Ansatz ist, deine Sets so geräumig wie möglich zu gestalten. Wenn eine Szene deiner Geschichte in einem engen Flur spielen soll, kannst du versuchen, sie umzuschreiben. Verlagere das Geschehen an einen offeneren Ort, den du mit deiner Kamera und deinen Händen besser erreichen kannst.

Manchmal ist es wirklich die bessere Lösung, deine Geschichte an deine Setkonstruktion anzupassen statt umgekehrt.

Spezialeffekte aus LEGO-Steinen

Neben Figuren, Kulissen, Requisiten und Fahrzeugen kannst du mit LEGO-Steinen auch *Spezialeffekte* wie die folgenden bauen:

- Laserstrahlen
- Feuer
- Rauch
- Explosionen
- Mündungsfeuer (die Flammenstöße an der Mündung einer Projektilwaffe)
- Umwelt- und Atmosphäreneffekte (Wasser, Regen, Schnee, Wolken, Blitze usw.)

Viele Brickfilmer verwenden dazu computergenerierte Effekte, die sie in der Postproduktionsphase hinzufügen. Aber dies ist schließlich ein Buch über LEGO-Animation, nicht über das nachträgliche Hinzufügen von Computeranimations-Effekten. Wenn du etwas mit LEGO-Elementen erledigen kannst, warum solltest du dann darauf verzichten?

Was haben diese Welle und das zersplitternde Fenster gemeinsam? Beide bestehen aus LEGO-Steinen!

Übung: In Rauch aufgehen

Hier siehst du eine Möglichkeit, um ein recht ansprechendes Rauchwölkchen durch Ersetzen von Teilen zu animieren. Wir haben die verschiedenen Stadien der Rauchwolke gebaut und zwischen den Einzelbildern ausgetauscht. Außerdem haben wir die Körperteile des Zauberers nach und nach hinzugefügt, um die Illusion seines magischen Erscheinens zu vermitteln. In der Realität steigen Rauchwolken ziemlich schnell auf, weshalb die fertige Animation nur wenige Sekunden dauern darf.

Wir haben diese aufsteigende Rauchwolke verwendet, um einen Zauberer erscheinen zu lassen; dieser Trick eignet sich aber auch für viele andere Situationen.

Der Hügel, auf dem Matt und Anna picknicken, steht ganz für sich allein und gehört nicht zu einer umfassenderen Landschaft.

Baue nur das, was die Kamera sieht

Der letzte Tipp zum filmgerechten Bauen ist auch der wichtigste. Wenn du LEGO-Modelle konstruierst, die du vorführen oder ausstellen möchtest, besteht dein Ziel darin, sie so beeindruckend und detailliert zu machen wie nur möglich. Die typische Eigenkreation (»MOC« für »My Own Creation«) ist dazu gedacht, direkt betrachtet zu werden, und zwar von allen Seiten und aus allen Blickwinkeln.

Viele dieser Einzelheiten wären in einem Film aber überhaupt nicht sichtbar. Deine Filmkulissen nimmst du nur aus wenigen Kamerawinkeln auf. Um das Bauen und das Animieren zu erleichtern, solltest du daher nur die Teile bauen, die die Kamera auch tatsächlich sieht.

In The Magic Picnic gibt es zwei verschiedene Arten von Aufnahmen der Stadt: Erstens ist sie während des Picknicks auf dem Hügel im Hintergrund zu sehen, und zweitens findet der dramatische Höhepunkt in einer Stadt im Mikromaßstab statt. Anstatt die gesamte Stadt zu bauen, haben wir nur wenige verschiedene Gebäude errichtet. Einige davon zeigen an der Vorder- und der Rückseite jeweils verschiedene Fassaden, sodass wir sie einfach umdrehen und dann in der nächsten Einstellung als ein anderes Gebäude verwenden können. Andere Häuser haben gar keine Rückseite.

Auch bei Realfilmen werden Kulissen auf diese Weise gebaut. Wenn du jemals den Außenbereich eines Filmstudios besucht hast, wirst du festgestellt haben, dass viele der »Gebäude« in Wirklichkeit nur Fassaden sind. Sie lassen den Drehort viel größer erscheinen, als er in Wirklichkeit ist. Außerdem können die Fassaden bewegt und verändert werden, um den Eindruck einer kompletten Stadt zu vermitteln.

Um Zeit zu sparen, solltest du gleich beim Bauen die Wiederverwendung deiner Kulissen einplanen. Wenn du Vorder- und Rückseite unterschiedlich gestaltest, brauchst du nur drei Gebäude zu errichten, um sechs darstellen zu können.

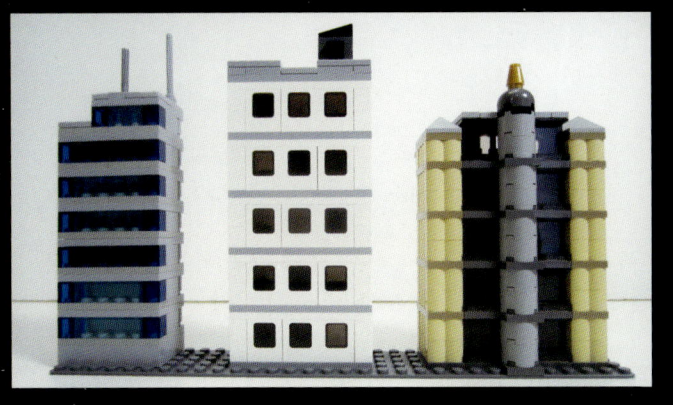

Von diesem Bauwerk existiert nur die Fassade – die Rückseite ist offen, da die Kamera sie ohnehin nicht zu sehen bekommt.

Nur das zu bauen, was die Kamera sieht, erfordert eine gewisse Planung. Du musst dir überlegen, welche Teile der Szene in den einzelnen Einstellungen deines Films zu sehen sein werden. Es kann hilfreich sein, die Kamera beim Gestalten deines Sets eingeschaltet zu lassen, sodass du schon beim Bauen erkennen kannst, wie es auf dem Bildschirm aussehen wird. Es kommt schließlich nur darauf an, wie es aus dem Blickwinkel der Kamera wirkt.

Das Bauen mit LEGO-Steinen und die Stop-Motion-Animation sind knifflige, langwierige Unternehmungen, doch unsere begrenzte Zeit auf Erden ist kostbar. Denke daher immer daran: Was die Kamera nicht sieht, sieht auch das Publikum nicht, wenn das Publikum etwas nicht sieht, lohnt es sich auch nicht, Zeit dafür zu verschwenden, es zu bauen, wie eindrucksvoll es auch immer sein mag. Sorge dafür, dass du all die beeindruckenden Dinge, die du baust, auch richtig zur Geltung bringst!

Nicht alles, was in deinem Film vorkommt, muss aus LEGO-Elementen bestehen. Manchmal zeichne oder male ich einfach den Hintergrund oder verwende Figuren aus Knetgummi.

Lass deiner Fantasie freien Lauf und versuche, für deinen Film auch andere Materialien zu verwenden.

5 Verschiedene Maßstäbe

Reicht dir die Animation von Minifiguren nicht als Herausforderung? Du kannst auch einen anderen *Maßstab* für deine Kulissen und Figuren auswählen, also eine ganz andere Größe. Mit unterschiedlichen Maßstäben kannst du den Detailreichtum deiner Filme beeinflussen.

Bis jetzt haben wir uns in diesem Buch mit dem *Minifigurenmaßstab* beschäftigt, bei dem alle Kulissen, Requisiten und Fahrzeuge die passende Größe für Minifiguren haben. Die Mehrzahl der LEGO-Bausätze und Fan-Modelle folgt ebenfalls diesem Maßstab. Allerdings ist das nur eine der unendlich vielen kreativen Möglichkeiten, die das LEGO-System bietet.

Welche anderen Maßstäbe kannst du verwenden? Wie bei LEGO üblich, gibt es unbegrenzte Möglichkeiten. In diesem Kapitel sehen wir uns einige gebräuchliche Maßstäbe an, die für Filme geeignet sind.

Mikromaßstab

Der *Mikromaßstab* bietet die Möglichkeit, weite Landschaften und riesige Gestalten zu bauen, ohne dazu Tausende von Steinen zu benötigen. Die große Herausforderung (und der Spaß) beim Bauen in diesem Maßstab besteht darin, die Objekte auf die kleinstmögliche Größe zu reduzieren, in der sie noch erkennbar sind. Kannst du ein überzeugend wirkendes Auto aus nur zwanzig Teilen bauen? Oder aus zwei?

- ❦ **Stärken:** Erfordert weniger Teile als jeder andere Maßstab; lässt einen großen Überblick erkennen.
- ❦ **Schwächen:** Figuren fehlen mimische Ausdrucks- und Bewegungsmöglichkeiten; bei kleineren Sets müssen die einzelnen Stop-Motion-Bewegungen noch winziger ausfallen.
- ❦ **Beispielkästen von LEGO:** Mini Modulars (10230), LEGO Architecture
- ❦ **Beispielfilme:** *Civilisation* von Jon Rolph (CheesyBricks), Abspann von *The LEGO Movie*.

Matt und Ann treffen ihre Gegenstücke aus der Mikrowelt.

Modelle im Mikromaßstab können aus bestimmten Blickwinkeln zu stark vereinfacht wirken. Es kommt aber nicht darauf an, was du beim Bauen siehst, sondern was die Kamera bei der Aufnahme des Bildes sieht!

Minifigurenmaßstab

Du kennst ihn, du liebst ihn, und du siehst ihn überall in diesem Buch: Der *Minifigurenmaßstab* ist der bewährte Standard für LEGO-Animationsfilme. Was haben diese Figuren – abgesehen von ihrer Niedlichkeit und den unbegrenzten Gestaltungsmöglichkeiten – an sich, das eine so intuitive Animation erlaubt? Unserer Meinung nach sind es gerade ihre natürlichen Einschränkungen, die sie für Brickfilmer so reizvoll machen.

Bei anspruchsvollen Puppen zur Animation kann man bei den unzähligen Möglichkeiten für Bewegungen und Posen schnell den Überblick verlieren. Minifiguren dagegen haben nur sieben Bewegungspunkte, sodass bei der Animation viel weniger Entscheidungen erforderlich sind.

- 🖐 **Stärken:** Viele Gestaltungsmöglichkeiten; leicht zu beschaffen.
- 🖐 **Schwächen:** Eingeschränkte Bewegung; klein.
- 🖐 **Beispielkästen von LEGO:** Wir wüssten gar nicht, wo wir anfangen sollten …
- 🖐 **Beispielfilme:** *Minilife TV* von Christopher Salaises und *Henri & Edmond – Droits d'auteur* von Maxime Marion.

»Ein kleiner Schritt für einen Minilandastronauten, aber ein großer Sprung für uns Minifiguren!«

Minilandmaßstab

Wenn du schon einmal in einem LEGOLAND-Park warst, kennst du bereits den *Minilandmaßstab*. Benannt wurde er nach dem Teil der Parks, in denen Modelle in diesem Maßstab ausgestellt sind. Mit einer Höhe von zehn Steinen bilden Minilandfiguren die nächstgrößere Stufe nach den Minifiguren.

Bauen im Minilandmaßstab bedeutet nicht, dass du dich an die besonderen Miniland-Baurichtlinien halten musst. Stattdessen kannst du Figuren mit ungefähr der gleichen Größe gestalten und dich von anderen Modellen im selben Maßstab inspirieren lassen oder von ihnen ler-

nen. Wenn LEGO-Fans eines können, dann sich gegenseitig mit Ideen zu beliefern.

- **Stärken:** Kleine Größe; sehr viele Gestaltungsmöglichkeiten; viele Inspirationsquellen in LEGOLAND-Parks und Büchern.
- **Schwächen:** Ausdruckslose Gesichter; die Kulissen und Requisiten müssen entsprechend groß gebaut werden.
- **Beispielkästen von LEGO:** LEGOLAND Entrance with Family (40115)
- **Beispielfilme:** *Robota* von Marc Beurteaux, *Little Guys … in Space!* von Paganomation.

Normale Minilandfiguren nehmen feste Posen ein. Du kannst aber Gliedmaßen in verschiedenen Stellungen bauen und dann während der Animation austauschen oder mithilfe von Scharnieren und Gelenken für Bewegungsmöglichkeiten sorgen.

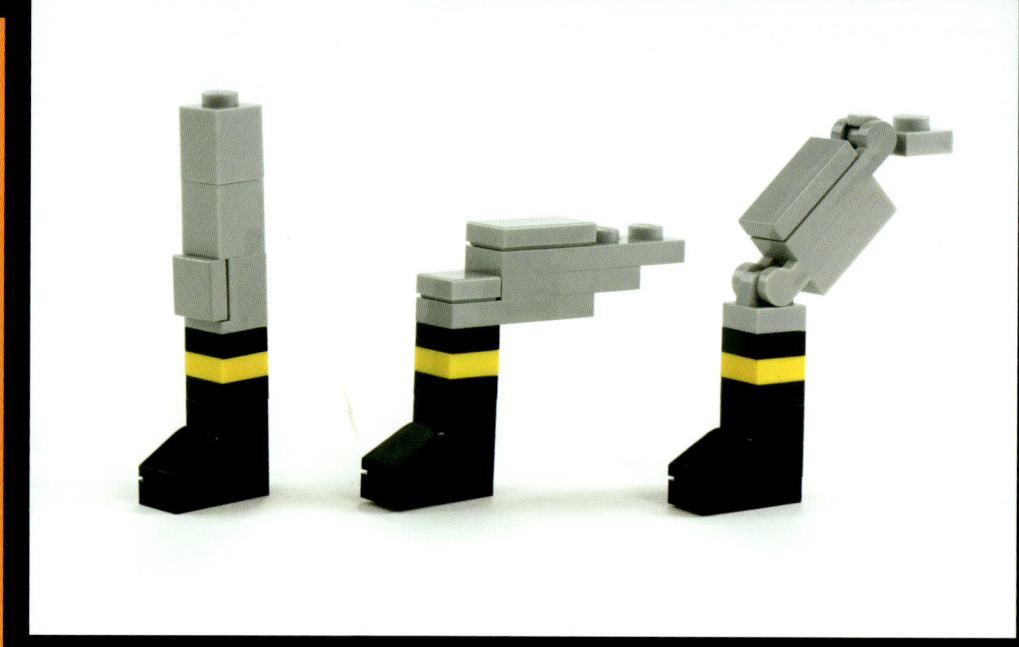

PaganoPuppets

Wie bereits in Kapitel 4 erwähnt, bieten dir gewisse LEGO-Elemente wie Scharniere, Drehplatten, Gelenke usw. die Mittel, Bewegungsmöglichkeiten in deine Kulissen und Requisiten einzubauen. Du kannst mithilfe dieser Teile aber auch großmaßstäbliche, bewegliche Puppen bauen.

Ihr Debüt gaben diese animierten Figuren in dem Paganomation-Film *Playback*. Bezeichnet werden sie als *Pagano-Puppen* (*PaganoPuppets* – danke schön an Marc-André Caron für diesen Namen!).

Pagano-Puppen können sehr detailreich sein. Die Beweglichkeit wird vor allem durch große Kugelgelenke erreicht, die einen weiten Bewegungsbereich bieten. Je größer deine Figuren werden, umso mehr musst du jedoch darauf achten, wie ihr Gewicht ihre Beweglichkeit einschränkt. Auch die Standfestigkeit kann zu einem Problem werden. Die Kupplungskraft zwischen den Füßen und dem Boden des Filmsets muss ausreichend sein, um die Figuren aufrecht und an Ort und Stelle zu halten.

- **Stärken:** Größere Beweglichkeit; Gesichtsanimation möglich.
- **Schwächen:** Höheres Gewicht; Kulissen und Requisiten müssen *erheblich* groß gebaut werden.
- **Beispielkästen von LEGO:** (Noch) keine.
- **Beispielfilme:** *Plastic Giant* von Vacca Production, *Tout le bloc en parle* von Marc-André Caron.

»Howdy, meine Kleinen! Hat irgendjemand von euch einen blauen 4 × 2-Stein gesehen?«

Pagano-Puppen sind wirklich großartig, wenn sie auf der Stelle stehen bleiben können. Laufen und springen ist allerdings etwas schwieriger.

Diese Mundformen haben wir in *Country Buildin'* verwendet.

Die Größe der Pagano-Puppen bietet jedoch einen großen Vorteil für eine »gebaute« (nicht nachbearbeitete) Gesichtsanimation und damit eine lippensynchrone Vertonung. Du kannst für deine Figur Köpfe mit verschiedenen Mundformen bauen und das Gesicht damit direkt bei der Aufnahme animieren.

Bauanleitung für eine Pagano-Puppe

Bau dir deine eigene Pagano-Puppe! Mit jedem neuen Paganomation-Film, in dem sie auftreten, werden diese Puppen aufwendiger. Hier siehst du die neueste Version. Sie ist so schlicht wie möglich gehalten, sodass du sie nach Herzenslust nach deinem eigenen Geschmack gestalten kannst. Vielleicht kannst du die Konstruktion ja sogar noch verbessern! (Die Stückliste findest du auf Seite 106, du kannst sie aber auch von der Begleitwebsite auf *https://www.nostarch.com/legoanimation/* herunterladen.)

Kopf

1 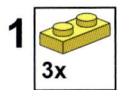 3x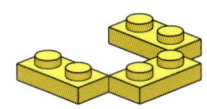

2 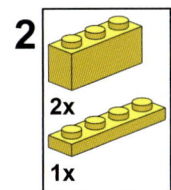 2x 1x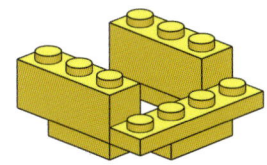

3 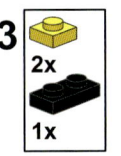 2x 1x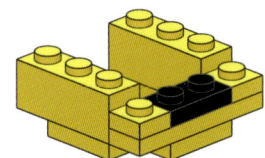

4 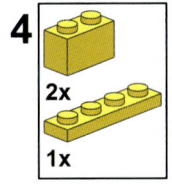 2x 1x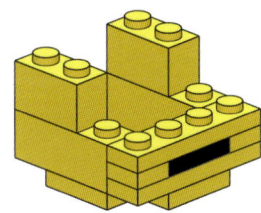

5 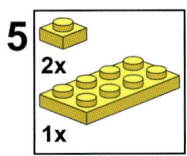 2x 1x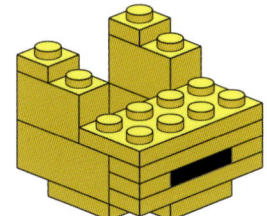

6

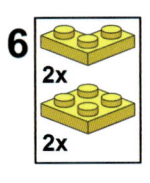

2x
2x

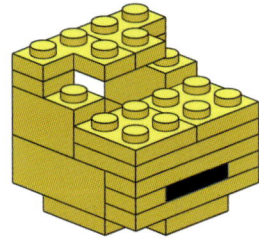

7

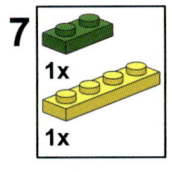

1x
1x

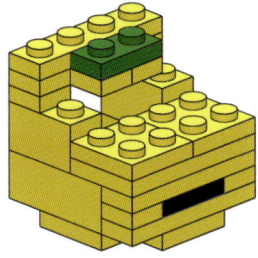

8

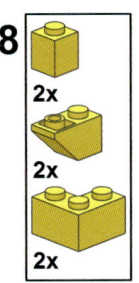

2x
2x
2x

9

2x
1x
1x

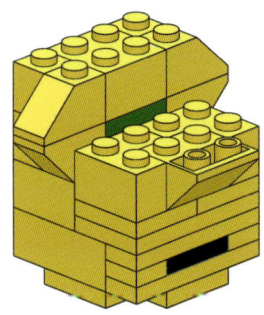

10

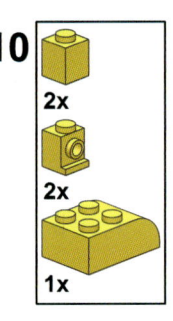

2x
2x
1x

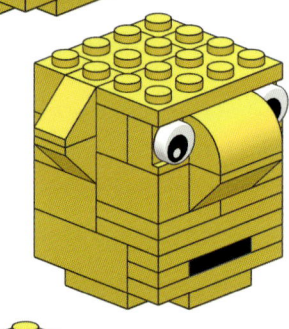

11

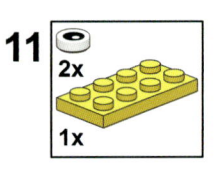

2x
1x

12

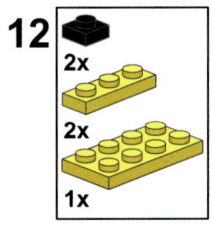

2x
2x
1x

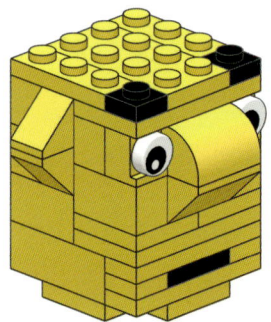

13

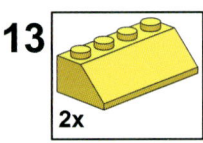

2x

Hals

1

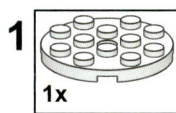
1x

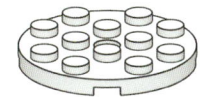

2

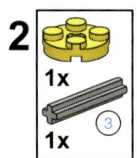
1x

1x ③

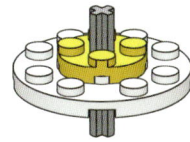

3

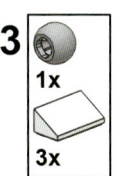
1x

3x

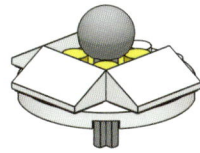

4

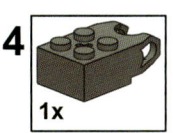
1x

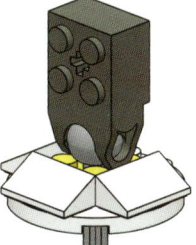

5

1x

1x

1x

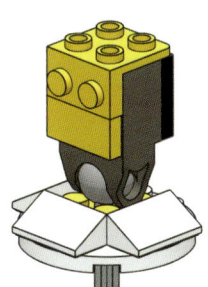

Rumpf

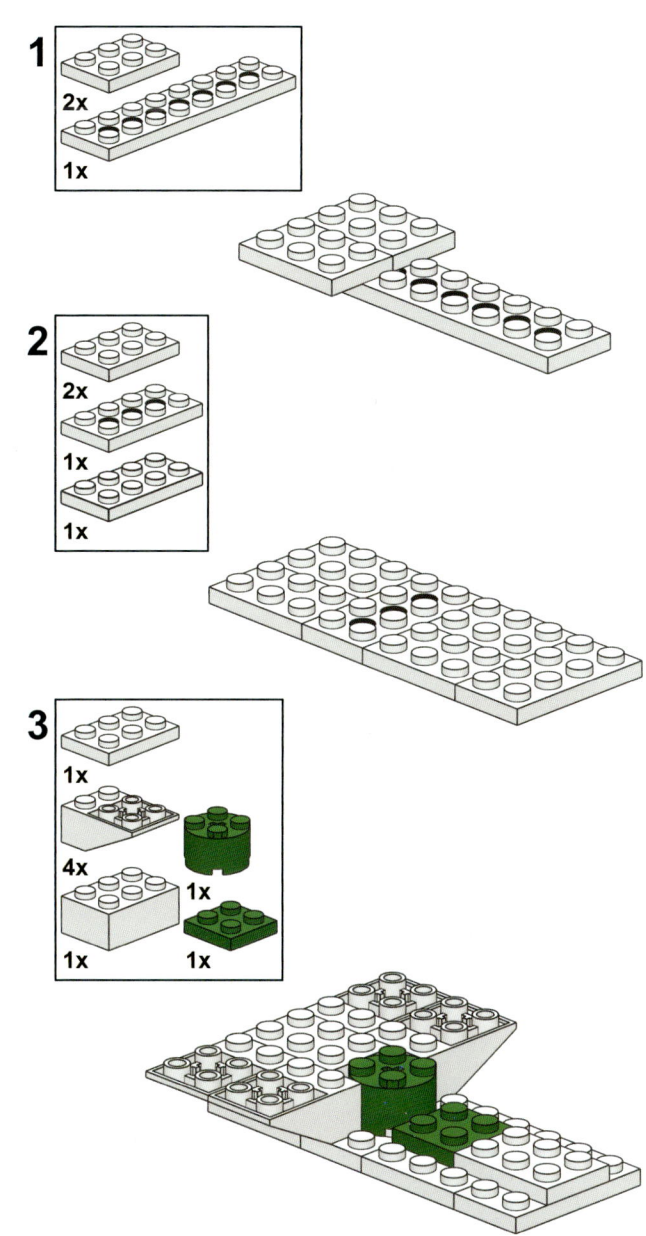

1

2x

1x

2

2x

1x

1x

3

1x

4x

1x

1x

1x

4

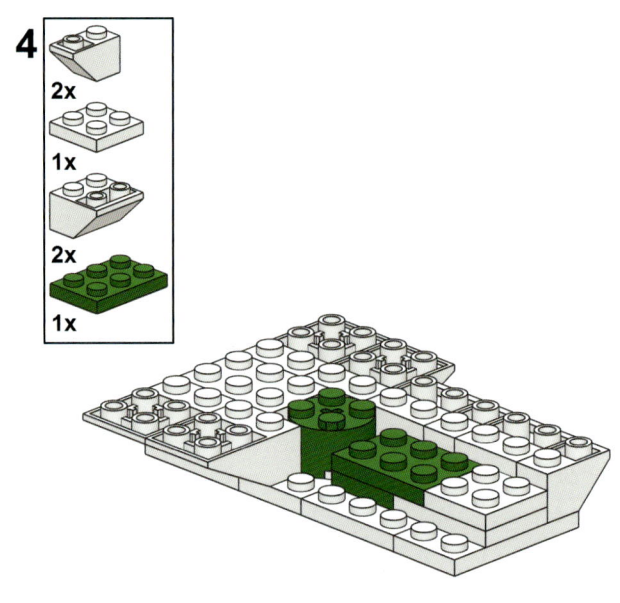

5

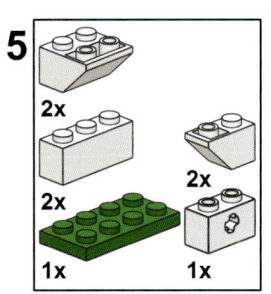

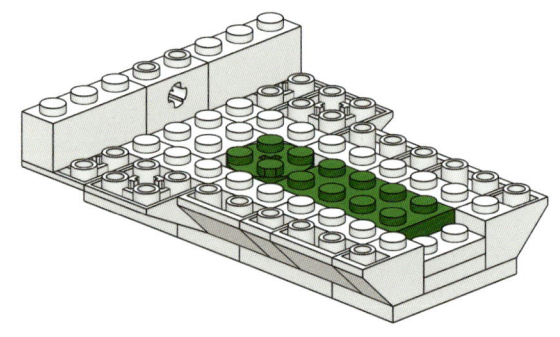

6

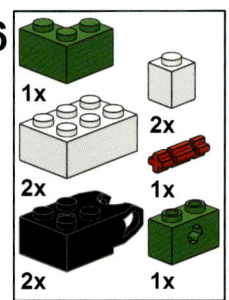

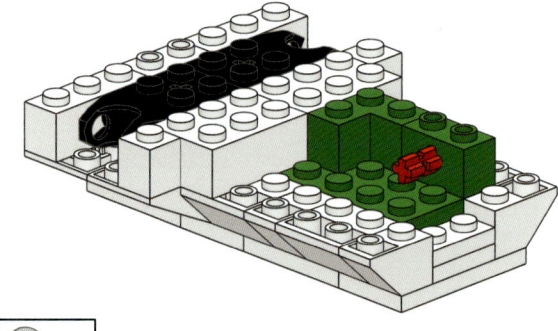

7

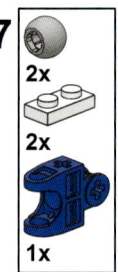

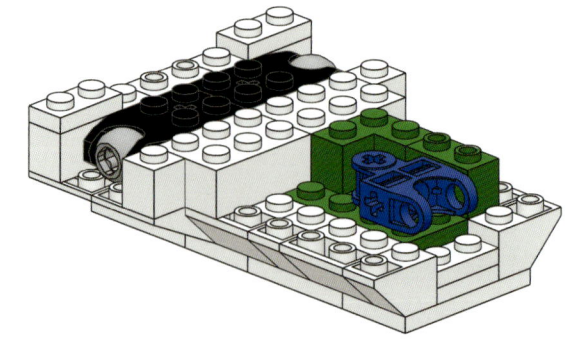

8

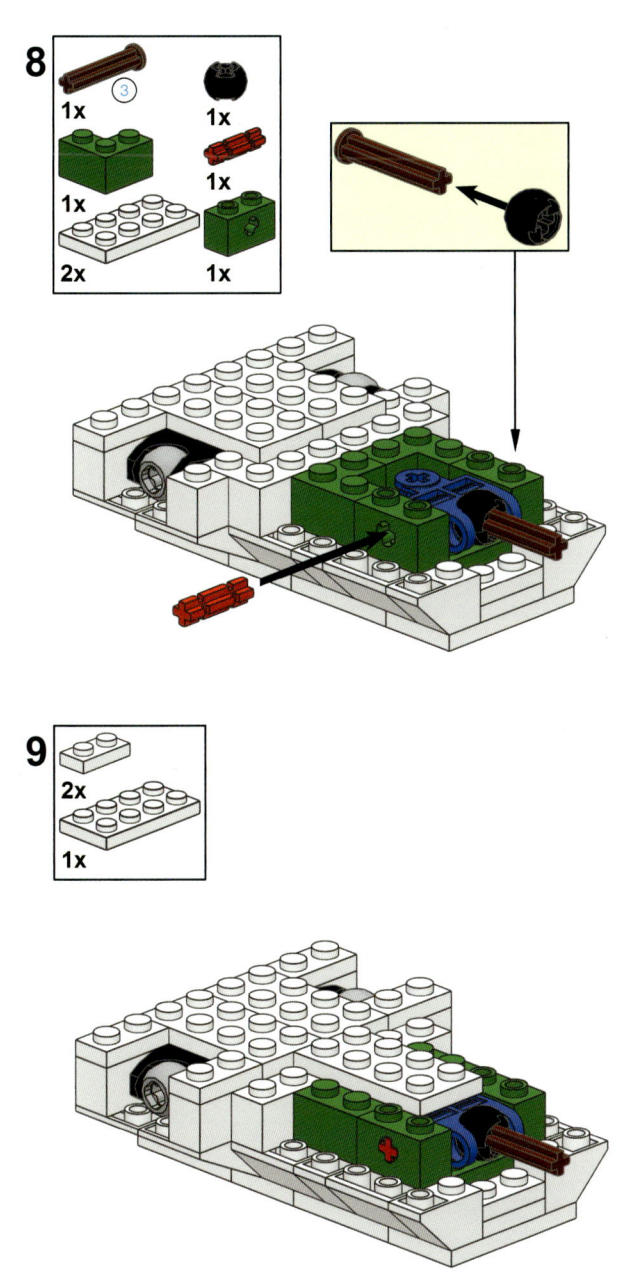

9

10

11

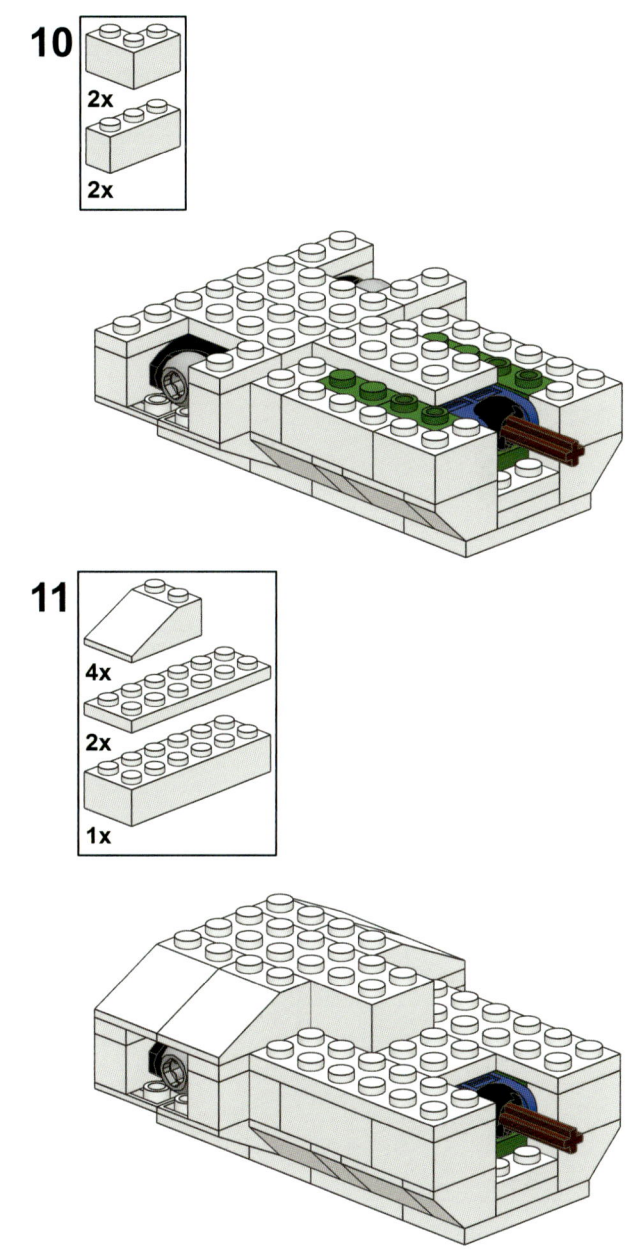

12

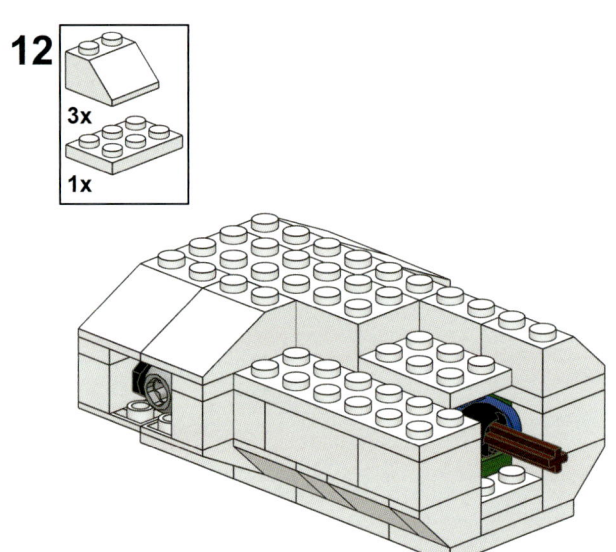

3x
1x

13

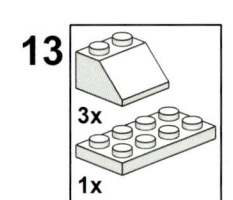

3x
1x

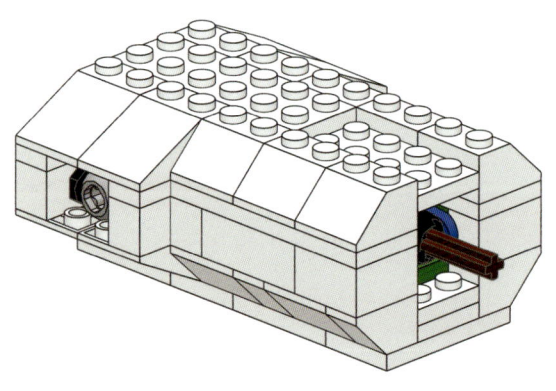

14

1x
1x
2x
1x

15

2x
3x

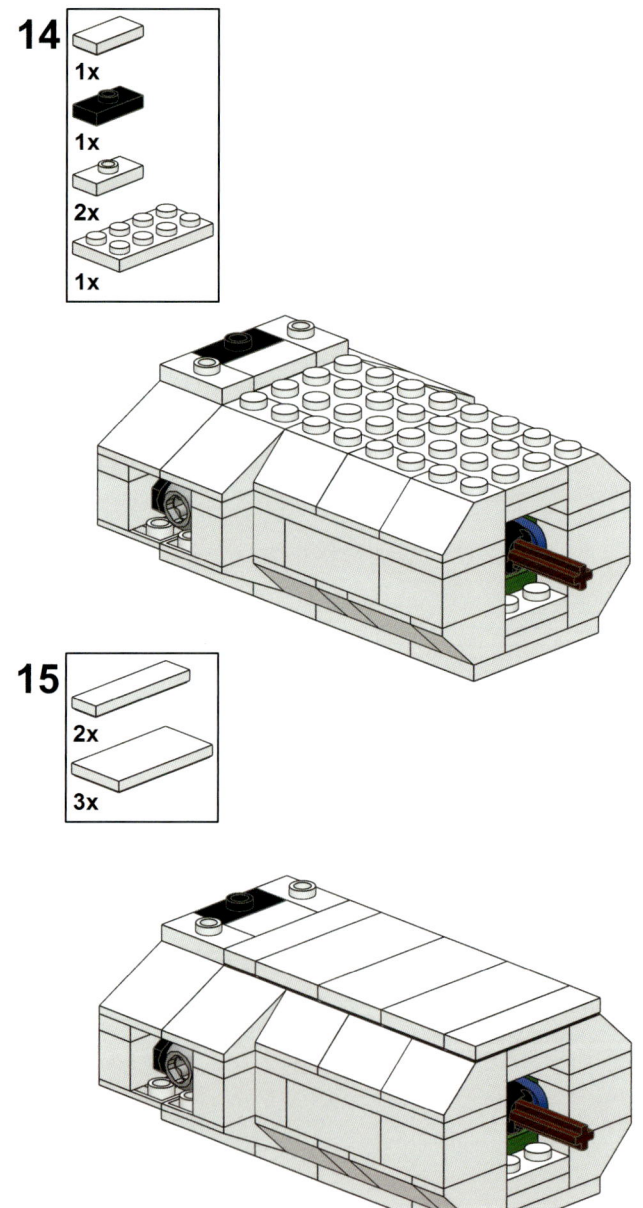

16

1x
2x

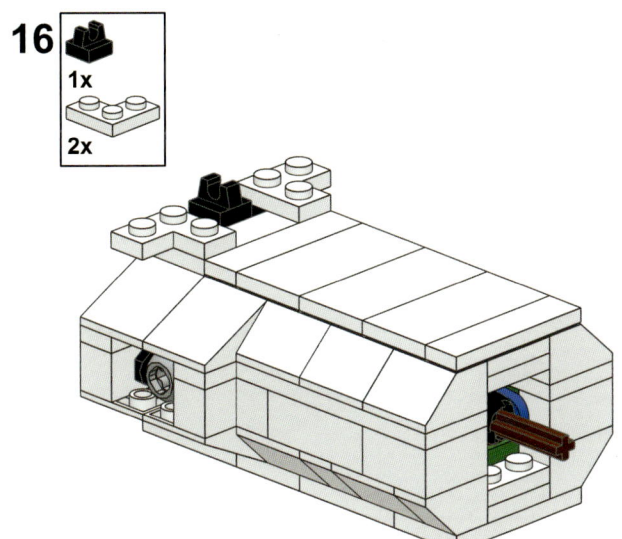

17

1x
1x

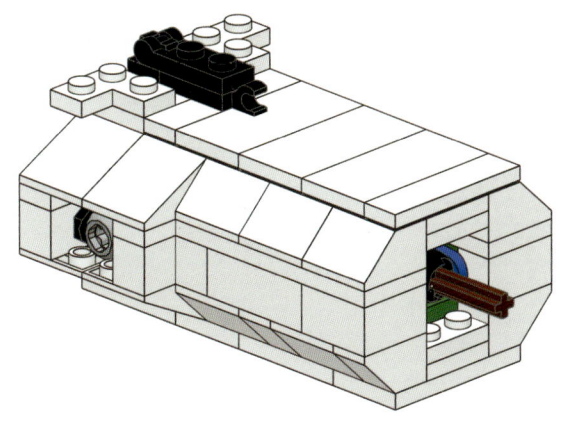

18

1x
1x
1x

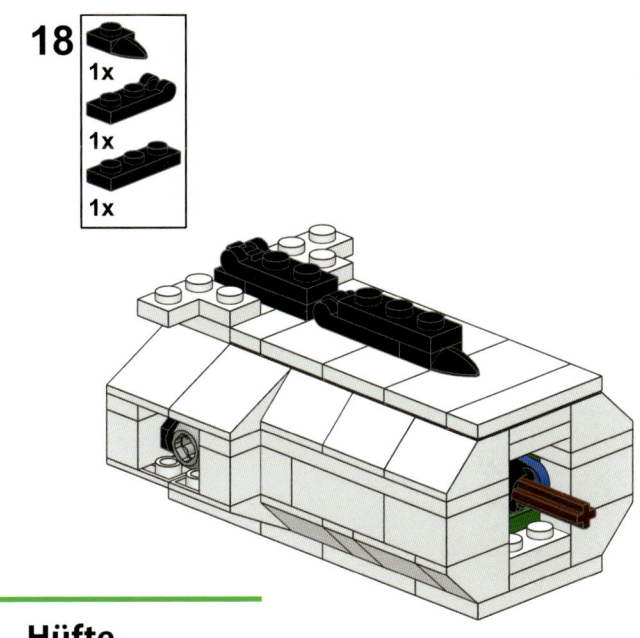

Hüfte

1

1x

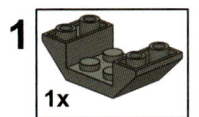 

2

2x
1x

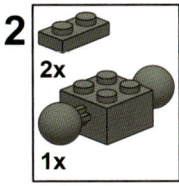 

3

1x
1x

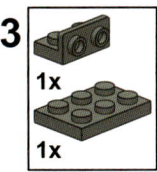 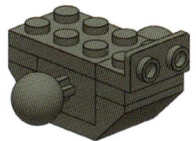

4

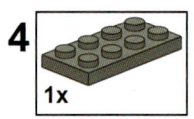

1x

5

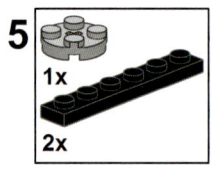

1x

2x

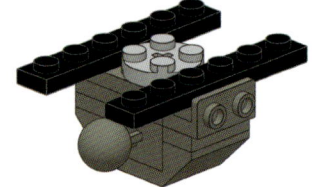

6

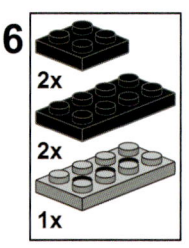

2x

2x

1x

2x

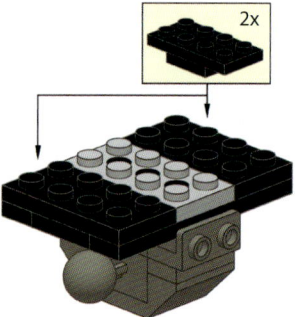

7

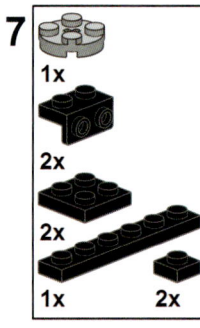

1x

2x

2x

1x   2x

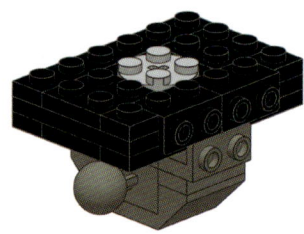

8

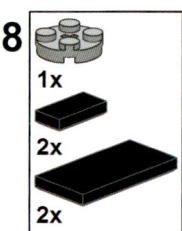

1x

2x

2x

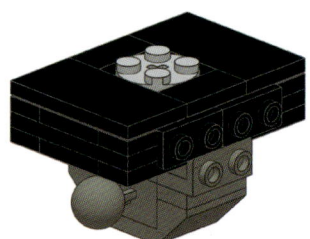

9

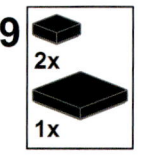

2x

1x

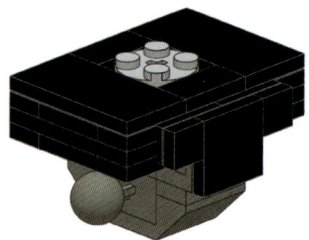

Rechter Oberschenkel

1

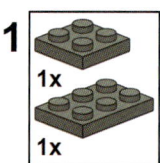

1x

1x

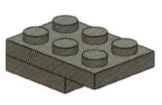

2

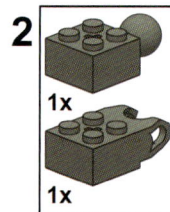

1x

1x

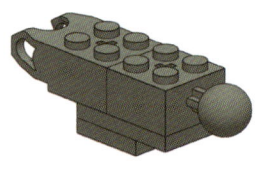

3

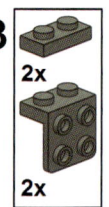

2x

2x

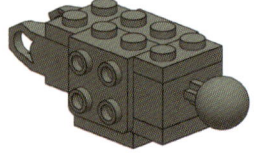

4

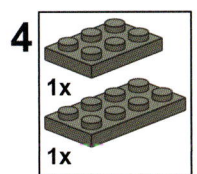

1x

1x

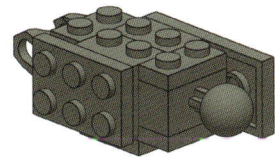

5

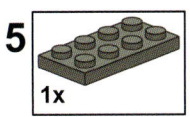

1x

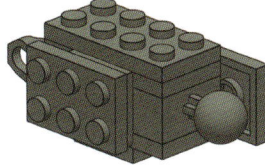

Rechter Unterschenkel

1

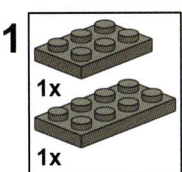

1x

1x

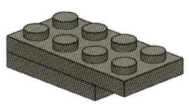

2

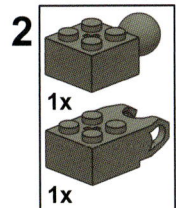

1x

1x

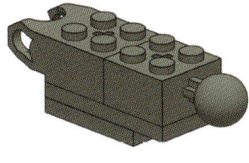

3

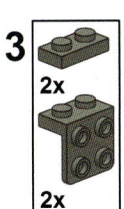

2x

2x

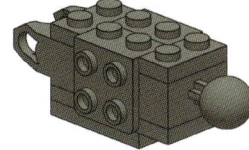

4

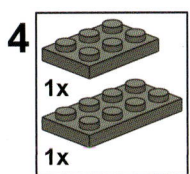

1x

1x

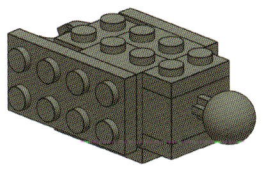

5

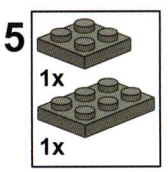

1x

1x

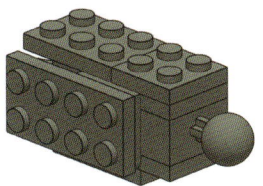

6

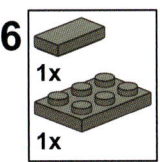

1x

1x

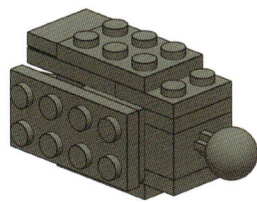

Linker Oberschenkel

1

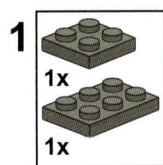

1x

1x

2

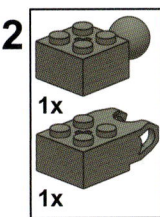

1x

1x

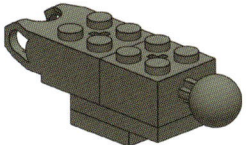

3

2x

2x

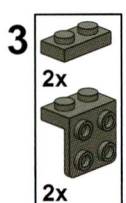 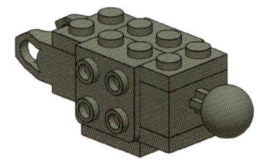

4

1x

1x

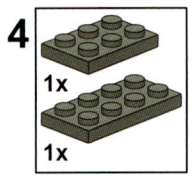 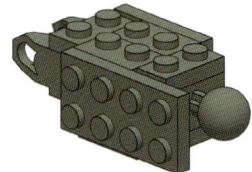

5

1x

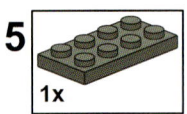 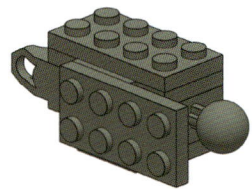

Linker Unterschenkel

1

1x

1x

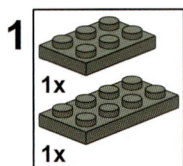 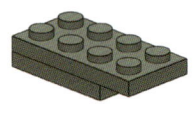

2

1x

1x

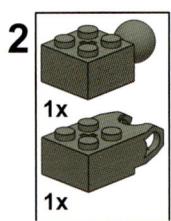 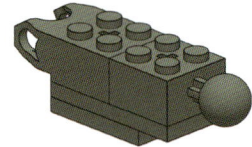

3

2x

2x

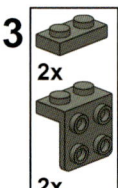 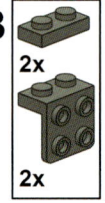 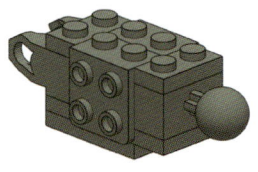

4

1x

1x

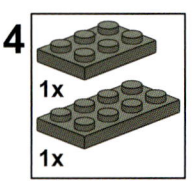 

5

1x

1x

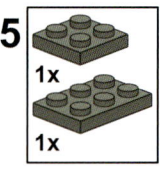 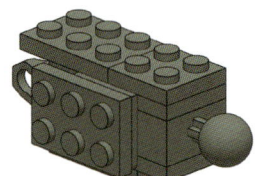

6

1x

1x

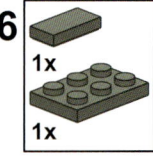 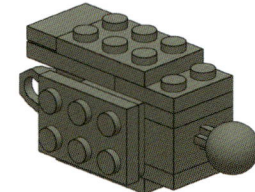

Fuß (2 x)

1

2x

1x

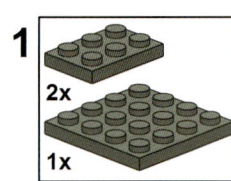 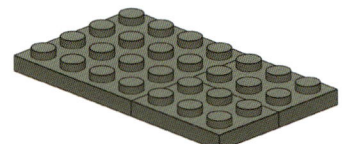

2

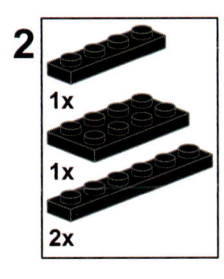

1x
1x
2x

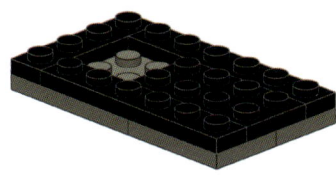

3

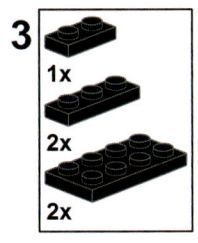

1x
2x
2x

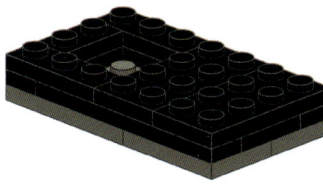

4

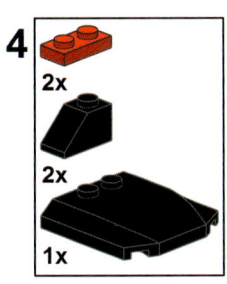

2x
2x
1x

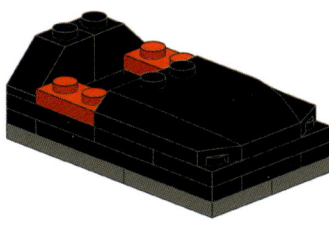

5

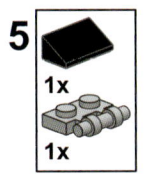

1x
1x

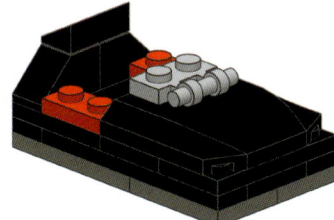

6

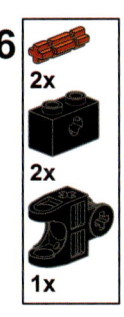

2x
2x
1x

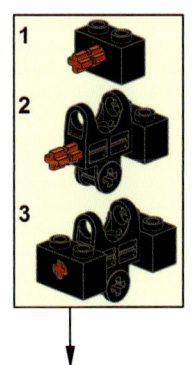

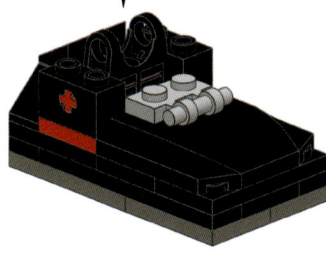

7

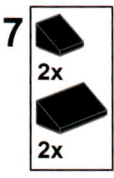

2x
2x

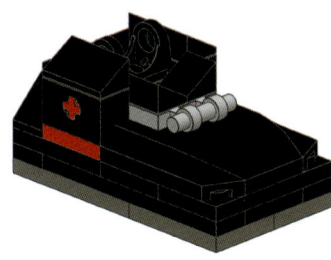

Oberarm (2 x)

1

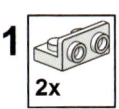

2x

2

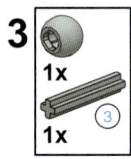

1x

1x

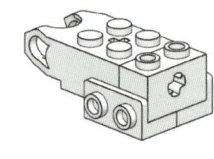

3

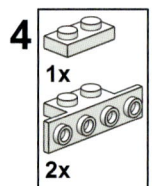

1x

1x ③

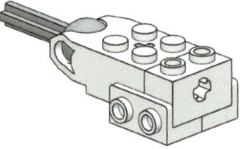

4

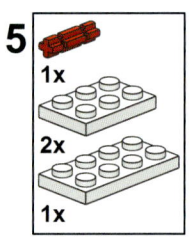

1x

2x

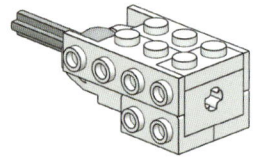

5

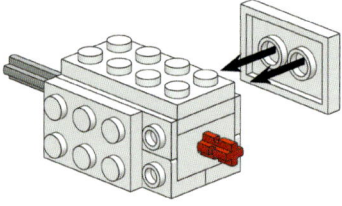

1x

2x

1x

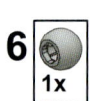

6

1x

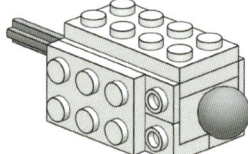

Unterarm (2 x)

1

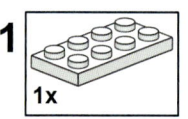

1x

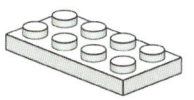

2

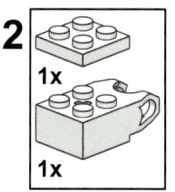

1x

1x

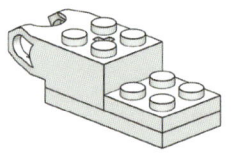

3

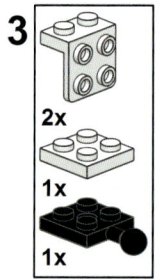

2x

1x

1x

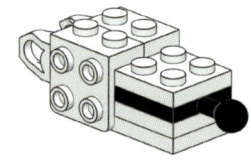

4

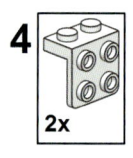

2x

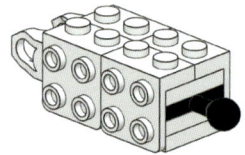

5

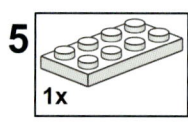

1x

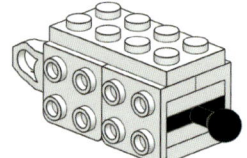

Linke Hand

1
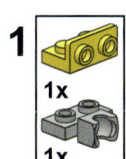
1x
1x

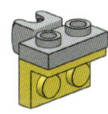

2

1x
1x

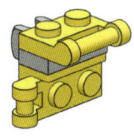

3
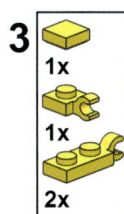
1x
1x
2x

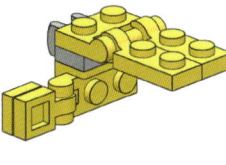

4
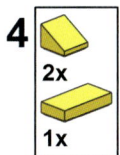
2x
1x

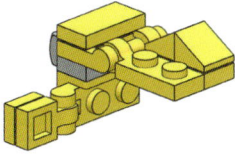

5

2x

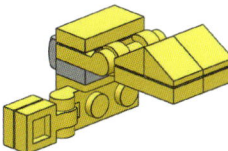

Rechte Hand

1

1x
1x

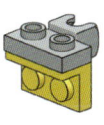

2
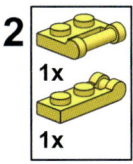
1x
1x

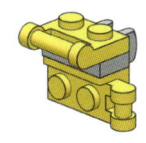

3
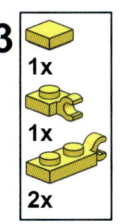
1x
1x
2x

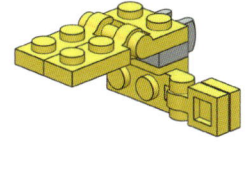

4
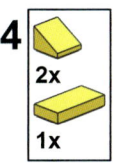
2x
1x

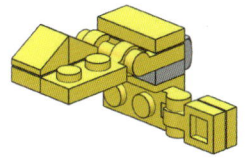

5
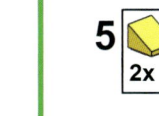
2x

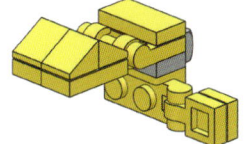

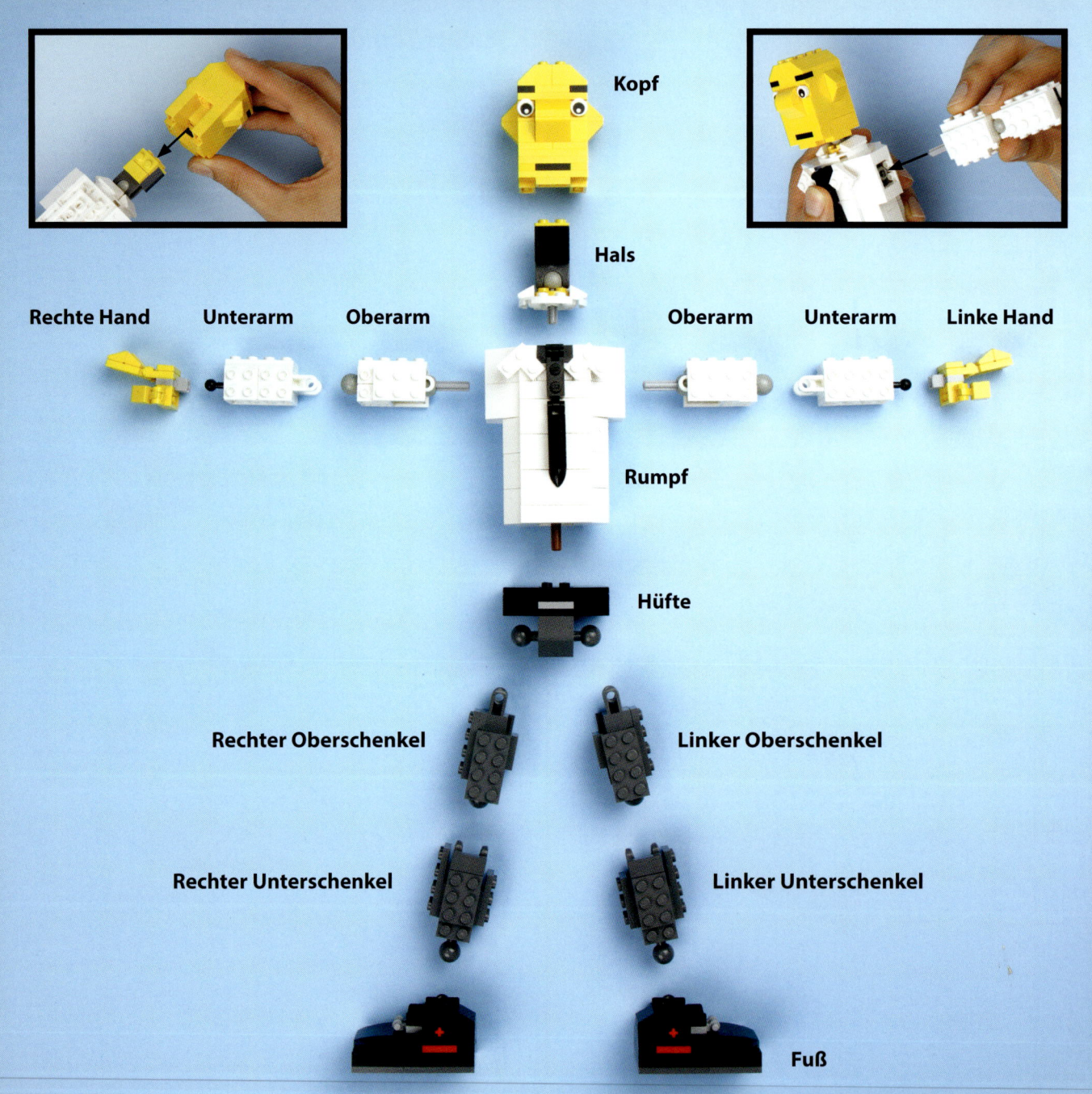

Kopf

Hals

Rechte Hand Unterarm Oberarm Oberarm Unterarm Linke Hand

Rumpf

Hüfte

Rechter Oberschenkel Linker Oberschenkel

Rechter Unterschenkel Linker Unterschenkel

Fuß

Für die Lippenanimation zur Vertonung verwendest du bei Pagano-Puppen austauschbare Mundformen.

Wenn deine Pagano-Puppe eine Stellung einnehmen muss, bei der sie das Gleichgewicht verlieren würde, musst du eine Stützkonstruktion bauen, um sie festzuhalten.

Stückliste

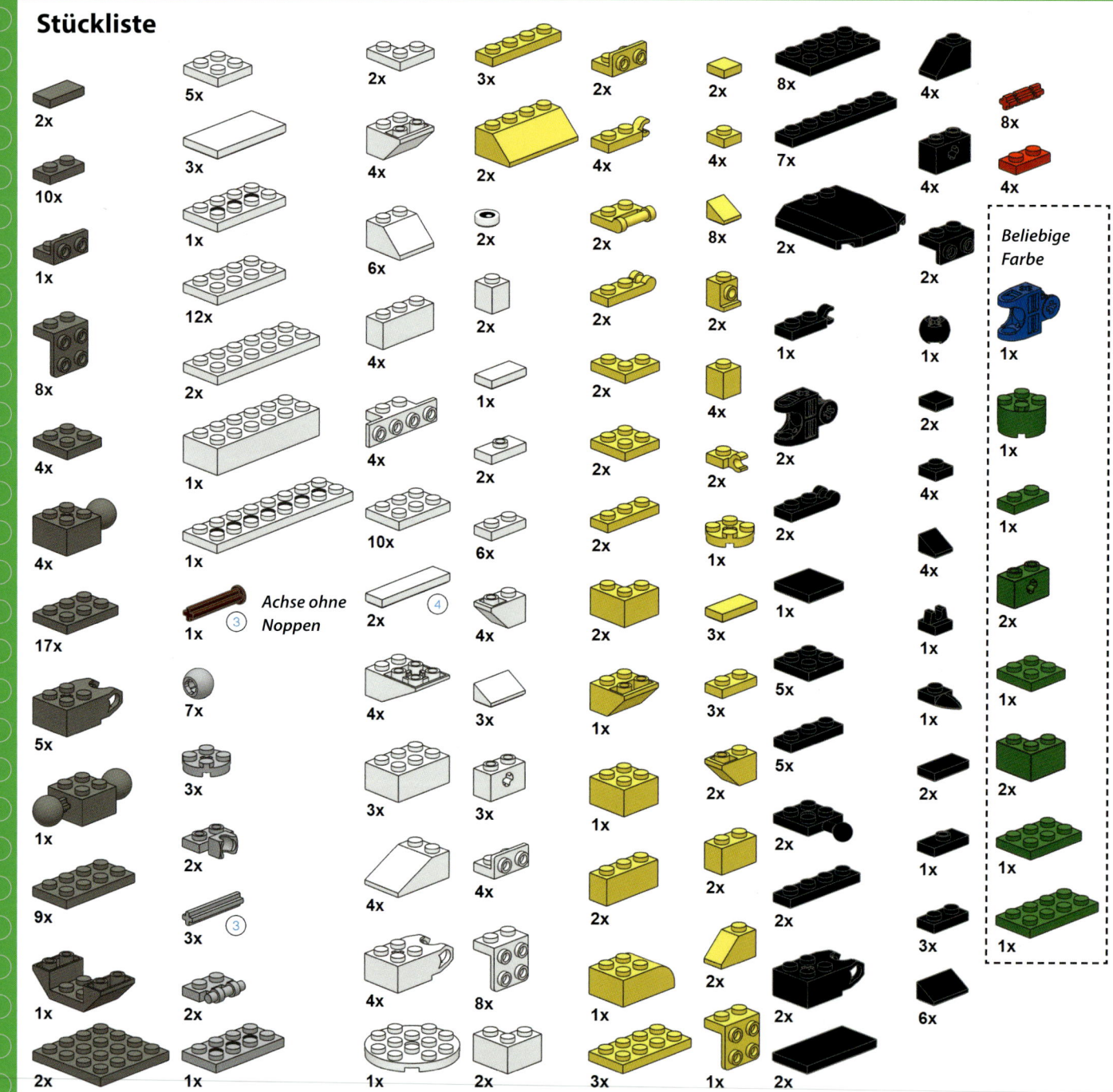

Achse ohne Noppen

Beliebige Farbe

Little-Guys-Maßstab

Dieser zweite Pagano-Maßstab stammt aus den *Little Guys!*-Filmen mit ihren sehr ausgefeilten, ausdrucksvollen Figuren, die schon eher bewegliche LEGO-Skulpturen sind. Aufgrund ihrer Größe werden sie nur von der Hüfte aufwärts gebaut. Aber auch so ist der Detailreichtum dieser Konstruktionen unerreicht.

Diese Puppen sind jedoch besonders schwerkraftanfällig. Versuche es bei der Arbeit in diesem Maßstab mit den Details nicht zu übertreiben. Jede Einzelheit erhöht das Gewicht. Wenn du deine Figuren möglichst leicht baust, können sie eine bestimmte Pose lang genug einhalten, um eine Aufnahme davon zu machen. Eine gute Möglichkeit, um Gewicht einzusparen, besteht darin, die Körperteile deiner Figuren hohl zu bauen, wo immer es machbar ist.

- **Stärken:** Anspruchsvolle Gesichtsanimation möglich; hoher Detailreichtum; äußerst beeindruckend.
- **Schwächen:** Schwer; Verwendung von Kugelgelenken ist eingeschränkt; die Animation ist mühselig; du brauchst dazu eine *Menge* von Steinen.
- **Beispielfilme:** *Pokeballin 2* von Dylan Woodley, *MIMUS* von Steffen Troeger (golego animation).

»Ich hoffe, sie hat keinen Hunger ...«

Paradoxerweise ist der Little-Guys-Maßstab der größte in diesem Buch.

Der Cyborg auf der linken Seite trägt ein wirklich tolles Barett. Leider macht es den Kopf so schwer, dass sich die Figur nur noch schwer animieren lässt.

Der Little-Guys-Maßstab erlaubt eine sehr ausdrucksstarke »gebaute« Gesichtsanimation.

Weitere Maßstäbe

Du bist nicht auf die hier vorgestellten Maßstäbe beschränkt. Selbst innerhalb des LEGO-Systems gibt es noch viele andere Möglichkeiten, die du nutzen kannst, etwa Duplo, Belville, Mixels, Bionicles usw. Du kannst jede Figur bauen und animieren, die dir vorschwebt – ob groß oder klein oder irgendwo dazwischen!

Bionicle- und andere Constraction-Figuren machen starken Gebrauch von Kugelgelenken.

Belville- und Technic-Figuren bieten mehr Bewegungsmöglichkeiten als Minifiguren.

Herr Pagano baut gerne Menschen aus Steinen, aber ich stehe mehr auf Riesenmonster und Roboter!

Diese Figuren sind zwar groß, aber da sie sich in einer Minifigurenwelt bewegen, gehören sie trotzdem zum Minifigurenmaßstab.

6 Dein Hand-werkszeug

Die Zusammenstellung der Ausrüstung für deine Animationsprojekte ist keine leichte Aufgabe, und es gibt keine Standardausrüstung, die für alle passt. Um das Richtige für deine Zwecke auszuwählen, musst du dein Budget, deine Erfahrung, die gewünschten Funktionen und das Betriebssystem deines Computers berücksichtigen. In diesem Kapitel helfen wir dir, fundierte Entscheidungen zu treffen, indem wir die Stärken und Schwächen aller Arten von Werkzeugen aufzeigen. Denke immer daran, dass das richtige Werkzeug den Unterschied zwischen Erfolg und Misserfolg ausmachen kann!

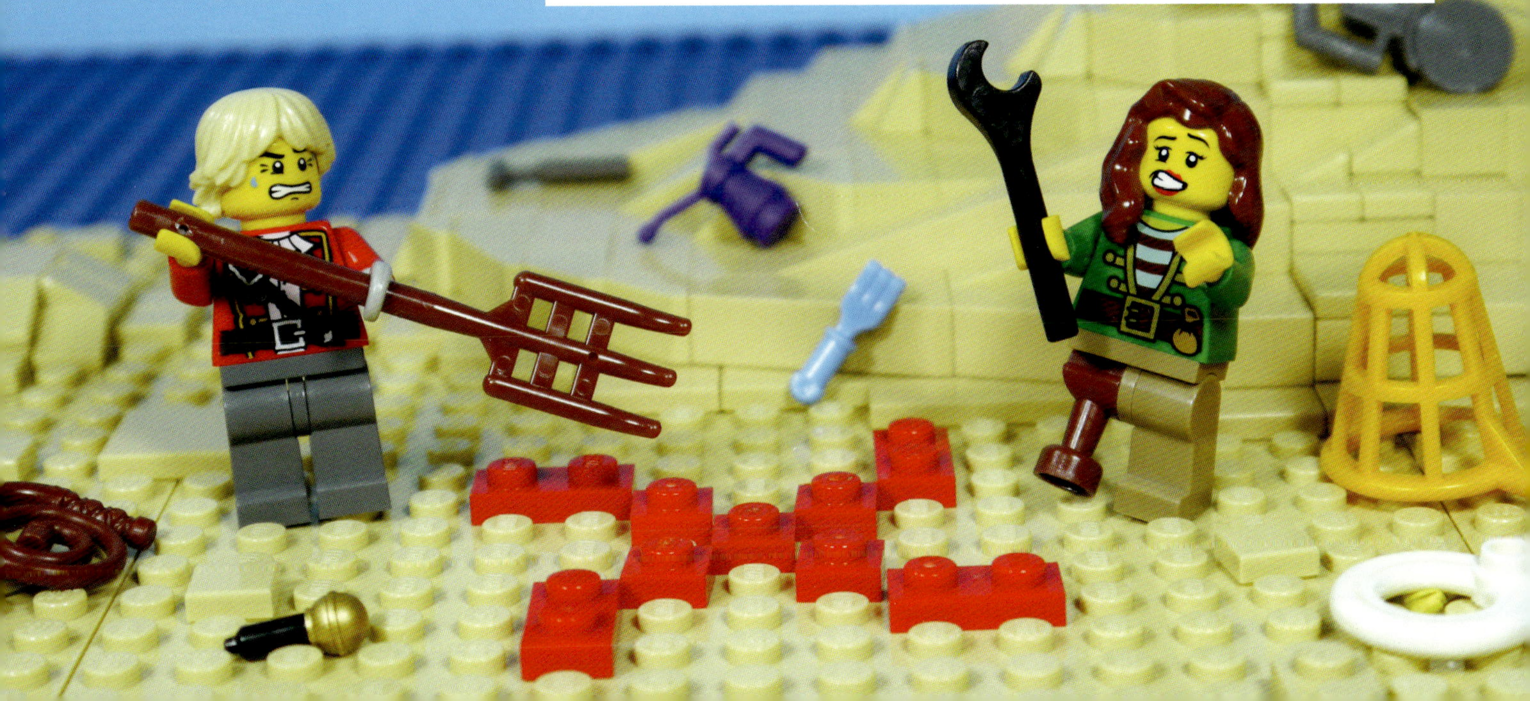

Es macht wirklich keinen Spaß, sich mit einer eigensinnigen Kamera herumzuschlagen

Kameras

Es macht wirklich keinen Spaß, sich mit einer eigensinnigen Kamera herumzuschlagen.

Die Auswahl der Kamera ist eine der wichtigsten Entscheidungen, die du als Animator treffen musst. Um später keine Enttäuschungen zu überleben, musst du die verschiedenen Merkmale einer Kamera gut kennen.

Worauf du achten musst

Wenn du nach der idealen Kamera suchst, musst du folgende Aspekte beachten:

Manuelle Einstellungen

Ein wichtiges Merkmal besteht darin, dass du manuell auf die Bildeinstellungen wie Brennweite, Zoom, Blende, Belichtungszeit, ISO-Wert und Weißabgleich Einfluss nehmen kannst (mehr darüber in Kapitel 8). Wenn du diese Einstellungen nicht manuell festlegen kannst, trifft deine Kamera die Entscheidungen für dich – was zu verschwommenen, uneinheitlichen Bildern führen kann. Wenn wir etwas aus Science-Fiction-Geschichten gelernt haben, dann dass es selten gut ausgeht, wenn Maschinen die Entscheidungen für Menschen treffen.

Stromversorgung

Achte darauf, dass deine Kamera einen Adapter hat, über den du sie an eine Wandsteckdose anschließen kannst, anstatt dich auf den Akku oder die Batterien zu verlassen. Wenn die Kamera über eine automatische Abschaltfunktion zum Energiesparen verfügt, finde heraus, wie du sie ausschalten kannst, damit sich die Kamera nicht mitten in einer Animation abschaltet.

Dank der Makrofunktion ist dieser Affe aufnahmebereit.

Makromodus

Viele Kameras verfügen über einen Makromodus, mit dem du Objekte aufnehmen kannst, die sich nur wenige Zentimeter vom Objektiv entfernt befinden. Wenn du bei deiner Kamera das Objektiv austauschen kannst, solltest du auch ein gutes Makroobjektiv haben.

Auflösung

Die meisten modernen Kameras können Bilder mit sehr hohen Auflösungen aufnehmen. Achte darauf, dass du eine Auflösung wählst, die mindestens derjenigen des fertigen Produkts entspricht. Eine gute Ausgangseinstellung für Anfänger ist eine Auflösung von 1280 × 720 Pixel, aber erfahrene Animatoren drehen oft mit 1920 × 1080 oder mehr. Merke: Ein großes Bild kannst du später immer noch verkleinern, aber wenn du ein zu kleines Bild vergrößerst, sinkt dabei die Qualität.

Videoaufnahme

Bei der Stop-Motion-Animation nimmst du Einzelbilder auf, aber manchmal ist es praktisch, auch eine Filmsequenz aufzeichnen zu können. Daher solltest du eine Kamera wählen, die auch über einen Videomodus verfügt.

Ein Fernauslöser bietet die praktische Möglichkeit, auch aus einiger Entfernung auf den Auslöser zu drücken.

Fernauslöser

Es ist am besten, die Bilder mithilfe eines Fernauslösers (drahtlos oder über Kabel angeschlossen) aufzunehmen, um unbeabsichtigte Bewegungen der Kamera bei der Animation zu vermeiden. Es gibt Animationssoftware, mit der du die Kamera über deinen Computer steuern kannst. Ansonsten kannst du auch einen richtigen Fernauslöser kaufen.

Speicherkapazität

Du wirst eine Menge Fotos aufnehmen! Für eine Minute Stop-Motion-Animation können leicht 1000 einzelne Bilder erforderlich sein. Achte darauf, dass deine Kamera (bzw. die Speicherkarte) über genügend Speicherplatz für mindestens mehrere Hundert hochauflösende Fotos verfügt. Für Anfänger und Fortgeschrittene reichen 16 GB aus.

Softwarekompatibilität

Wenn du bereits über eine Animationssoftware verfügst, musst du dich vergewissern, dass sie deine Kamera auch vollständig unterstützt. Diese Informationen erhältst du beim Hersteller der Software. Beispielsweise findest du auf der Website von Dragonframe (einer ausgefeilten Software für Profis) eine Liste kompatibler Kameras mit ausführlichen Hinweisen dazu, welche Merkmale der einzelnen Modelle genutzt werden können und welche nicht. Weitere Hinweise findest du auf Seite 18 im Abschnitt »Software- und Hardwarekompatibilität«.

Budget

Die Preise für Kameras liegen zwischen 20 und 2000 Euro. Überlege dir, wie viel Geld du für deine Kamera ausgeben willst. Als Einsteiger in die Animation solltest du lieber die Kamera nehmen, die du ohnehin schon hast.

Auf den nächsten Seiten stellen wir verschiedene Kategorien von Kameras vor, unter denen du auswählen kannst. Dabei wirst du mit Sicherheit etwas für dein Budget finden.

Hinweis

Wir haben die Seiten mit den Hardwareempfehlungen zur schnellen Orientierung farbig hinterlegt:

Blau: Anfänger
Grün: Fortgeschrittene
Orange: Profis

Ein Smartphone ist eine großartige Kamera für Einsteiger

Smartphones und Tablets

Wenn du bereits über ein Smartphone oder ein Tablet verfügst, kannst du es für die Stop-Motion-Animation nutzen. Dies sind hervorragende Kameras für Einsteiger!

- **Stärken:** Tragbar; relativ günstig; kann Allround-Apps wie LEGO Movie Maker ausführen.

- **Schwächen:** Wenig oder gar keine manuellen Einstellungsmöglichkeiten; geringe Auflösung; eingeschränkte Möglichkeiten für Export und Fernbedienung.

- **Empfohlen für:** Einsteiger und Animatoren mit niedrigem Budget.

- **Unsere Empfehlung:** Wenn du schon ein solches Gerät hast, nutze es für deine ersten Schritte auf dem Gebiet der Animation.

Webcams

Webcams sind klein und billig. Dank ihrer Größe kannst du sie auf Augenhöhe deiner Minifiguren-Darsteller bringen, und sie werden von vielen Stop-Motion-Programmen unterstützt. Viele Brickfilmer schwören auf ihre Webcams und halten es nicht für nötig, auf teurere Aufnahmegeräte umzusteigen.

- **Stärken:** Billig; lassen sich leicht zusammen mit Stop-Motion-Software einsetzen; teilweise sind damit auch HD-Aufnahmen (High Definition) möglich; Stromversorgung über den Computer statt mit Batterien (dadurch kann die Kamera nicht einfach mitten in der Aufnahme ausgehen).
- **Schwächen:** Begrenzte Bildqualität; keine austauschbaren Objektive; zur vollen Ausschöpfung aller Möglichkeiten ist besondere Software erforderlich.
- **Empfohlen für:** Fortgeschrittene Animatoren, die mehr Einflussmöglichkeiten haben wollen als bei einem Smartphone.
- **Unsere Empfehlung:** Logitech Pro-Webcams (beispielsweise die C920 oder die QuickCam 9000).

Webcams sind vielseitig und arbeiten gut mit Stop-Motion-Software zusammen.

Mit einer Kompaktkamera kannst du hochwertige Fotos aufnehmen.

Digitale Kompaktkameras

In den richtigen Händen eignet sich eine digitale Kompaktkamera dazu, preisgekrönte Animationen aufzunehmen (wie den Film *Nightly News at Nine – Kapitel 1*, der tatsächlich mit einer solchen Kamera produziert wurde).

- 🐙 **Stärken:** Hohe Auflösung; gute Bildqualität; einige haben auch einen manuellen Modus, sodass du die volle Kontrolle über die Einstellungen hast.

- 🐙 **Schwächen:** Viele sind batteriebetrieben (schau nach, ob du sie über einen Adapter an eine Wandsteckdose anschließen kannst); die meisten lassen sich nicht so leicht mit Animationssoftware verbinden.
- 🐙 **Empfohlen für:** Fortgeschrittene, die großen Wert auf manuelle Einstellungen und Bildqualität legen und denen es nichts ausmacht, auf die Unterstützung einer Animationssoftware zu verzichten.
- 🐙 **Unsere Empfehlung:** Canon PowerShot-Kameras (z. B. die SX60 und ähnliche Modelle).

Digitale Spiegelreflexkameras

Professionelle Animatoren und Fotografen verwenden digitale Spiegelreflexkameras. Sie bieten die umfangreichsten Möglichkeiten, um Einfluss auf das Aussehen der Bilder zu nehmen. Allerdings hat das seinen Preis. Spiegelreflexkameras können Tausende von Euros kosten, und ihre Bedienelemente sind kompliziert und für Einsteiger nicht gerade selbsterklärend. Wenn du in eine solche Kamera investierst, solltest du wirklich ein begeisterter Animateur (oder Fotograf) sein.

- **Stärken:** Höchste Auflösung; beste Bildqualität; verschiedene Objektive.
- **Schwächen:** Sehr teuer; komplizierte Bedienung; nichts für Anfänger.
- **Empfohlen für:** Profis mit vollen Taschen.
- **Unsere Empfehlung:** Canon EOS-Kameras (z. B. die 7D Mark II oder ein ähnliches Modell).

Digitale Spiegelreflexkameras sind das Handwerkszeug der Profis.

Sonstige Kameras

Für die Stop-Motion-Animation kannst du jede beliebige Kamera einsetzen. Liegt in deinem Keller noch eine alte Rollfilmkamera herum? Hast du eine winzige Spionagekamera in deiner Uhr? Eine Überwachungskamera in deinem Atombunker? Mit ein bisschen Erfindungsreichtum kannst du jegliche Kamera nutzen, um damit dein nächstes Meisterwerk zu schießen. Ein hervorragendes Beispiel für den kreativen Einsatz einer Kamera ist der Film *A Boy and His Atom: The World's Smallest Movie*. Er wurde mit einem Rastertunnelmikroskop gefilmt und durch die Bewegung einzelner Moleküle animiert!

Wenn du deine Kamera ausgewählt hast, wirst du dich vielleicht fragen, wie du sie verwenden musst, um damit die Aufnahmen zu machen, die dir vorschweben. Wenn du es nicht mehr erwarten kannst, etwas über Kinematografie zu lernen, blättere vor zu Kapitel 8.

> Ich werde ständig gefragt, welche Kamera ich verwende - auf YouTube, auf LEGO-Conventions, beim Einkaufen - überall! Ich wurde so oft gefragt, dass ich mich entschieden habe, dieses Buch zu schreiben. Ich verwende eine Canon 7D. So, das war's. Du kannst das Buch jetzt wieder zumachen.

> Ich habe mir eine MFT-Kamera gekauft (Micro Four Thirds), weil ich gelesen habe, dass sie für die Stop-Motion-Animation besser geeignet sei als digitale Spiegelreflexkameras. Allerdings werden sie von meiner Stop-Motion-Software nicht vollständig unterstützt, weshalb ich etwas mehr Aufwand betreiben muss, um einige der Grundfunktionen zu nutzen.

> Aber im Ernst, die Canon 7D ist eine ziemlich vielseitige Kamera und kann alles, was ich brauche, sowohl bei der Stop-Motion-Animation als auch bei der Videoaufzeichnung. Für die meisten Einstellungen verwende ich ein Objektiv mit der Brennweite von 17-55 mm. In Einzelfällen ersetze ich es jedoch durch ein 10-mm-Fischauge oder ein 60-mm-Makroobjektiv.

> Beispielsweise musste ich auf meiner MFT eine zweite Kamera montieren, um die Zwiebelhaut-Funktion zu nutzen. Wenn ich die Zeit zurückdrehen könnte, würde ich gleich eine Kamera kaufen, die mit meiner Software vollständig kompatibel ist!

Stative und Kamerahalter

Du hast jetzt deine Kamera und musst sie irgendwie auf die LEGO-Steine richten, die du animieren möchtest. Vielleicht bist du versucht, die Kamera einfach in der Hand zu halten, aber sofern du keine Stahlarme hast, ist das nicht empfehlenswert.

Ein Stativ verwenden

Drei ist die ideale Anzahl der Beine für eine ebene, stabile Stützkonstruktion. Aus diesem Grund verwenden Fotografen und Kameraleute in aller Welt dreibeinige *Stative* für ihre Kameras. Wenn du die Animation auf einem Tisch vornimmst, ist ein Stativ eine gute Investition. Für Film- und Fotokünstler außerhalb des Gebiets der Animation ist ein Stativ ein Muss.

An der Unterseite der meisten Kameras befindet sich eine Gewindebohrung, mit der sich die Kamera auf ein Stativ schrauben lässt. Wenn du ein Smartphone oder eine Webcam auf ein Stativ aufsetzen möchtest, musst du meistens eine zusätzliche Halterung kaufen.

- **Stärken:** Sehr flexibel; können auf verschiedene Höhen und Winkel eingestellt werden.
- **Schwächen:** Für Animationen auf dem Fußboden ungeeignet.
- **Empfohlen für:** Animatoren mit umfangreichen Sets oder hoch liegenden Animationsbühnen, aufstrebende Fotografen.
- **Unsere Empfehlung:** Das Amazon-Basics-Stativ ist ein gutes, kostengünstiges Modell.

Stative lassen sich leichter erwerben als Cyborgarme.

Sie eignen sich auch hervorragend für Aufnahmen aus der Vogelperspektive.

Mithilfe von LEGO-Steinen und -Platten kannst du deine Kamera auf die gewünschte Höhe bringen.

Eine Kamerahalterung verwenden

Wenn du auf dem Fußboden filmst oder eine extreme Großaufnahme machen willst, kann dir eine *Kamerahalterung* helfen. Es gibt zwar fertige Produkte eigens für Filmaufnahmen in Bodennähe, aber die meisten Brickfilmer bauen ihre eigenen Halterungen aus LEGO-Steinen.

- **Stärken:** Anpassungsfähig; hervorragend geeignet für Aufnahmen am Boden oder auf niedrigen Oberflächen.
- **Schwächen:** Für großmaßstäbliche Figuren und umfangreiche Sets ungeeignet.

- **Empfohlen für:** Jeder Brickfilmer braucht irgendwann eine Tischhalterung für seine Kamera.
- **Unsere Empfehlung:** Bau dir deine eigene Halterung nach der Anleitung auf den folgenden Seiten.

Ganz im Geist und Sinn von LEGO raten wir dir, deine Kamerahalterung selbst zu gestalten. Dabei hast du die volle Kontrolle über Höhe, Form und Farbe.

Eine Kamerahalterung bauen

1. Baue aus Platten ein flaches Fundament, das mindestens acht Noppen breiter ist als deine Kamera. Als Ausgangsmaterial für stationäre Halterungen eignen sich sehr gut Grundplatten und große Platten. Grundplatten lassen sich leichter auftreiben, doch große Platten bieten mehr Möglichkeiten.

2. Stelle eine deiner Figuren vor das Fundament, als ob du sie animieren wolltest. Stelle die Kamera auf das Fundament oder halte sie darüber, sodass das Objektiv auf Augenhöhe mit der Figur ist. Kann die Kamera in dieser Stellung verbleiben? Wenn nicht, baue eine Stützkonstruktion aus Steinen.

3. Wenn du die Kamera auf die richtige Höhe gebracht hast, musst du dafür sorgen, dass sie nicht nach rechts und links oder nach vorn und hinten wackelt. Baue an allen Seiten der Kamera Säulen, um sie festzuklammern. Je nach Form der Kamera kann es sein, dass du dazu auch gekrümmte oder gewinkelte Bauteile benötigst, damit die Kamera richtig »sitzt«. Denke daran, Aussparungen für wichtige Bedienelemente freizuhalten!

4. Hast du noch Platz, um oberhalb der Kamera gefahrlos weiterzubauen? Wenn ja, stelle Verbindungen zwischen den Säulen her, die deine Kamera festklammern.

5. Möchtest du gleich eine Möglichkeit für Kamerafahrten vorsehen? Aus Kacheln kannst du Schienen für einen Kamerawagen bauen. Bringe außerdem einige runde Teile am Boden der Halterung an, sodass sie in der Führung gleiten kann. Du kannst auch gleich in die Vollen gehen und dir aus Technic-Teilen einen Kamerakran oder Aufzug mit Getriebe bauen.

Kamerahalterungen aus LEGO-Steinen können äußerst schwerkraftanfällig sein. Sorge dafür, dass deine Halterung stark und sicher ist, sodass deine Kamera nicht zu Boden stürzt!

Beleuchtung

Der nächste Schritt besteht darin, deine Animationsbühne auszuleuchten. Für Brickfilme werden zwei Arten von Lampen verwendet, große (im »menschlichen« Maßstab) und kleine (im Maßstab der Minifiguren).

Große Lampen: Schreibtischlampen

Einer der Vorteile beim Filmen im Minifigurenmaßstab besteht darin, dass Schreibtischlampen im Vergleich zur Größe deiner Darsteller und Kulissen groß sind. Schon wenige herkömmliche Lampen können dir alles Licht bieten, das du für die Animation an einem sonnigen Tag benötigst. Wenn du schon über Schreibtischlampen verfügst, solltest du sie ruhig verwenden. Falls du neue kaufen musst, halte nach Modellen mit Klammerbefestigung und flexiblem Hals Ausschau. Als Leuchtmittel verwendest du am besten Tageslicht-Energiesparlampen, deren leichter Blaustich die Farben der LEGO-Steine besonders gut zur Geltung bringt. Energiesparlampen sorgen für eine flackerfreie Beleuchtung und halten lange. Auch LED-Birnen sind gut geeignet.

- 🐾 **Stärken:** Billig; Leuchtmittel lassen sich leicht ersetzen.
- 🐾 **Schwächen:** Streulicht und farbiges Licht lassen sich nicht so leicht erzeugen; ungeeignet für großmaßstäbliche Animationen.
- 🐾 **Empfohlen für:** Brickfilmer, die im Minifigurenmaßstab arbeiten.
- 🐾 **Unsere Empfehlung:** Schreibtisch-Klemmleuchten mit flexiblem Hals, Tageslicht-Energiesparlampen.

A pro lighting stup

Große Lampen: Professionelle Beleuchtungssätze

Wenn du Großes vorhast und mit riesigen Kulissen oder Figuren arbeiten möchtest (wie in den Brickfilmen *Little Guys!* und *Robota*), reichen Schreibtischlampen nicht aus. In diesem Fall musst du dir wahrscheinlich einen Beleuchtungssatz zusammenstellen, wie ihn professionelle Filmemacher verwenden. Ein grundlegender Beleuchtungssatz für Brickfilmer enthält folgende Elemente:

- Drei oder mehr Lampen verschiedener Größe einschließlich Anschlusskabel
- Verlängerungskabel und Mehrfachstecker
- Mindestens ein Ersatzleuchtmittel pro Lampe
- Hitzebeständige Arbeitshandschuhe (für den Umgang mit heißen Lampen)

Du kannst auch fertig zusammengestellte Beleuchtungssätze kaufen. Dabei gibt es eine breite Palette von Möglichkeiten, von den einfachen und billigen Angeboten von CowboyStudio bis zu den anspruchsvollen Sätzen von Firmen wie Lowel und Arri. In Kapitel 8 werden wir uns ausführlicher mit der Beleuchtung beschäftigen.

- **Stärken:** Viel mehr Licht; Zubehör zur Gestaltung und Ausrichtung des Lichts.
- **Schwächen:** Viel teurer; erfordern mehr Platz; höherer Stromverbrauch; nichts für Anfänger.
- **Empfohlen für:** Animatoren mit großen Sets und Figuren; Animatoren, die auch Realfilme drehen wollen; Beleuchtungsfreaks.
- **Unsere Empfehlung:** Stell dir deinen eigenen Satz Stück für Stück zusammen.

Die Schatztruhe wurde von hinten mithilfe von LEGO Power Functions-Elementen beleuchtet.

Kleine Lampen: LEGO-Produkte

Manchmal brauchst du nur Licht für einen einzigen Teil deines Sets, etwa eine einzelne Straßenlaterne in einer dunklen Gasse, blinkende Positionslichter an einem Raumschiff oder eine flackernde Fackel in einer Höhle. Für diese Art von Setbeleuchtung brauchst du kleine Lichter.

Das jüngste offizielle LEGO-Beleuchtungselement ist das *PF-Licht* (*Power Functions*). Diese Lichter sind für den Einsatz im LEGO-System ausgelegt: Die Birnen haben den Durchmesser einer Noppe, sodass du sie an jedem Röhrchen und jedem Technic-Pinloch befestigen kannst. Zusätzlich benötigst du noch den PF-Batteriekasten mit Stromadapter, und wenn du die Lampen weiter von dem Batteriekasten entfernt verbaust, auch ein PF-Verlängerungskabel. Ein Nachteil der PF-Lichter besteht darin, dass die Kabel ziemlich dick sind, sodass du sie nur schlecht vor der Kamera verbergen kannst.

Als Lichter in deinen Filmen kannst du auch nachtleuchtende oder transparente Neon-LEGO-Elemente verwenden. Sie senden zwar von sich aus kein Licht aus, leuchten aber unter UV-Schwarzlicht. Ein hervorragendes Beispiel für ihre Verwendung bietet der Film *Ghost Train* von Watercooler Productions.

- 🎲 **Stärken:** Bestandteil des LEGO-Systems.
- 🎲 **Schwächen:** Kabel lassen sich schwer verstecken; beschränkte Formen und Farben der Leuchtmittel.
- 🎲 **Empfohlen für:** LEGO-Puristen, Technic- und MINDSTORMS-Bastler.
- 🎲 **Unsere Empfehlung:** LEGO Power Functions-Lichter, wiederaufladbarer Batteriekasten mit Stromadapter, Verlängerungskabel.

Die glühenden Augen dieser Außerirdischen leuchten dank NanoLites von LifeLites.

Kleine Lichter: Drittanbieterprodukte

Um etwas zum Leuchten zu bringen, was *wirklich* winzig ist (z. B. eine transparente 1×1-Platte), sind die offiziellen LEGO-Beleuchtungsprodukte zu klobig. Zum Glück gibt es auch einige Produkte von anderen Herstellern, die sich mit LEGO-Elementen kombinieren lassen. Die Unternehmen LifeLites und Brickstuff verkaufen extrem winzige Lämpchen – kleiner und heller als die PF-Elemente von LEGO. Wenn du eine besondere Setbeleuchtung brauchst, dann können die Produkte dieser Hersteller gerade das Richtige für dich sein.

- **Stärken:** Winzig; hell; verschiedene Farben.
- **Schwächen:** Schwierig zu beziehen und einzubauen als LEGO-Lichter; meistens besser für die Beleuchtung zur Präsentation von MOCs geeignet als für die Animation.
- **Empfohlen für:** Beleuchtungsexperten.
- **Unsere Empfehlung:** Ein hervorragendes Einsteigerprodukt ist LifeLites eLite Jr. Kit.

Dies und das

- **Kreppband:** Damit kannst du dein Set und die Kamerahaltung auf der Animationsbühne befestigen.
- **Elementtrenner:** Diese klassischen LEGO-Werkzeuge sind eine große Hilfe, um deine Kulissen rasch umzubauen.
- **LEGO-Lineal:** Animation ist rechenintensiv. Oft musst du zählen, wie viele Noppen weit eine Figur geht. Aus wenigen Steinen und durchsichtigem Klebeband kannst du dir ein eigenes Lineal bauen.
- **Transparente Elemente:** Transparente LEGO-Elemente eignen sich hervorragend, um eine Figur oder ein Objekt ein kleines bisschen oberhalb des Bodens zu platzieren.
- **1×1-Rundplatten:** Diese kleinen Teilchen kannst du verwenden, um während der Animation die Übersicht über die Figuren und Objekte zu behalten.
- **Aufnahmekoffer:** Bewahre alle Utensilien in einem Werkzeugkasten mit flexibler Einteilung auf, damit dein Arbeitsplatz nicht wie das Set für einen Katastrophenfilm aussieht.
- **Klemmen:** Am besten nimmst du Klemmen mit Gummipolsterung, um die Steine nicht zu beschädigen.

Zahnstocher/auseinandergebogene Büroklammern: Diese Werkzeuge sind sehr praktisch, um die Hände von Minifiguren zu bewegen.

Klebstoff: Steine zusammenzukleben ist für viele ein Verbrechen, das nur LEGO-Vandalen verüben. Allerdings nutzen sehr viele Animatoren diese Technik.

Kitt: Kitt eignet sich hervorragend, um Teile vorübergehend in Position zu halten.

Kacheln und flache Dachsteine: Um Figuren oder deine Kamera ein bisschen zu neigen, kannst du Dachsteine mit flachem Winkel unter sie schieben.

Weißabgleichsäule: Für den Weißabgleich empfehlen wir eine Säule aus fünf weißen 1×1-Steinen. Sie ist ungefähr so groß wie eine Minifigur, weshalb du sie ganz leicht dort aufstellen kannst, wo deine Figuren agieren sollen.

Brückenplatten, Drehplatten, Scharniere, Gelenke usw.: Diese Elemente bieten sich an, wenn du deine Figuren drehen oder neigen willst.

Blasballon und Pinsel: Wenn du LEGO-Steine in High Definition aufnimmst, ist jedes Staubkörnchen sehr stark zu sehen. Mithilfe eines Blasballons oder eines Pinsels kannst du dein Set reinigen, sodass sich der Staub nicht ins Rampenlicht drängt.

Mikrofone

Wenn du Dialoge oder Geräusche für deine Animation aufnehmen möchtest, brauchst du ein Mikrofon. Wenn du sehr genau auf dein Budget achten musst, kannst du das eingebaute Mikrofon deines Computers oder deines Smartphones verwenden, doch um eine bessere Tonqualität zu erreichen, musst du in ein externes Mikrofon investieren. Die Palette bei diesen Produkten reicht von einfachen Modellen für Fernkonferenzen bis zu den High-End-Geräten für die professionelle Tonaufzeichnung. Die USB-Mikrofone Yeti und Snowball von Blue Microphones sind hervorragend, falls du sie dir leisten kannst, aber für die meisten Brickfilmer reicht auch ein weniger teures Mikrofon.

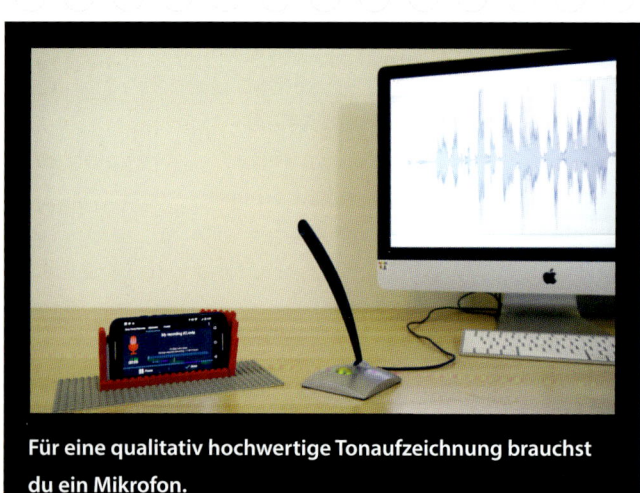

Für eine qualitativ hochwertige Tonaufzeichnung brauchst du ein Mikrofon.

Computer

Computer können bei der Filmproduktion viele Aufgaben übernehmen: Du kannst darauf deine Animationssoftware ausführen, dir während der Arbeit Musik anhören, auf YouTube Lehrvideos ansehen und deinen Film schneiden. Viele Neulinge auf dem Gebiet der Animation stützen sich ganz auf ihr Smartphone oder Tablet, während Experten gewöhnlich einen Laptop- oder Desktop-Computer verwenden. Dabei sind folgende Aspekte zu beachten:

- **Kompatibilität:** Ist der Computer mit deiner Software, deiner Kamera und anderen Peripheriegeräten kompatibel?
- **Prozessorgeschwindigkeit und Arbeitsspeicher:** Für Schnitt und Videodarstellung sind hohe Prozessorgeschwindigkeiten und viel Arbeitsspeicher erforderlich. Mit einem schnellen Prozessor (2 GHz und mehr) und viel RAM (8 GB und mehr) kannst du deine Postproduktion erheblich beschleunigen.
- **Mobilität:** Wenn du deinen Computer während der Animation einsetzen möchtest, muss er sich in der Nähe der Kamera befinden. Dafür ist ein Laptop besser geeignet, vor allem, wenn du die Animation an verschiedenen Orten vornimmst.
- **Bildschirmgröße**: Bei der Arbeit mit HD-Video musst du auch die kleinsten Einzelheiten in deinen Fotos untersuchen können, was auf einem großen Bildschirm einfacher geht.

Wir empfehlen dir ein Apple MacBook Pro oder einen Laptop aus der Serie Dell Inspiron 7000 oder ähnliche Produkte.

Software- und Hardwarekompatibilität

Deine Kamera, deine Software und dein Computer, Smartphone oder Tablet müssen alle miteinander kompatibel sein, d. h., sie müssen miteinander zusammenarbeiten können. Wenn du einen PC hast, kannst du mit Software für einen Mac nichts anfangen. Wenn deine Kamera einen HDMI-Ausgang hat, dein Computer aber nur USB-Eingänge, funktioniert das ebenfalls nicht. Selbst wenn deine Software mit deinem Computer kompatibel ist und dein Computer mit deiner Kamera, kann es immer noch sein, dass die Kamera von der Software nicht unterstützt wird. Klingt verrückt, ist aber so.

Daher ist es sehr wichtig, dass du dich genau über die Kompatibilität deiner Animationssoftware, deiner Kamera und deines Computers informierst, bevor du Geld dafür ausgibst.

Dieser Computer und dieses Smartphone sind wie zwei Königskinder, die zueinander nicht kommen können.

Checkliste zur Kompatibilität

- **Beim Kauf von Animationssoftware:** Schau dir als Erstes die Angaben zu der Software an, um dich zu vergewissern, dass sie auch auf deinem Computer läuft. Prüfe dann auf der Liste der unterstützten Kameras, ob die Software mit deiner Kamera zusammenarbeiten kann.
- **Beim Kauf einer Kamera:** Vergewissere dich, dass das Ausgangskabel einen passenden Stecker für den Eingang an deinem Computer hat. Schau nach, ob die Kamera von deiner Animationssoftware unterstützt wird.
- **Beim Kauf eines Computers:** Vergewissere dich, dass der Rechner einen passenden Eingang für das Ausgangskabel deiner Kamera hat, und dann, dass deine Animationssoftware auf ihm läuft.

Mithilfe der Zwiebelhaut-Funktion kannst du Bewegungen sorgfältig planen.

Stop-Motion-Software

Es gibt passende Stop-Motion-Programme für jeden Animator, aber die schiere Menge der verschiedenen Möglichkeiten macht die Auswahl schwer. Bei der Entscheidung für eine Software musst du folgende Punkte beachten:

- **Zwiebelhaut-Funktion (Onion Skinning):** Diese Funktion überlagert dem Live-Bild deiner Kamera eine transparente Darstellung des zuletzt aufgenommenen Einzelbilds. Das ist von unschätzbar großem Wert, um zu sehen, wie weit sich die Figuren zwischen den Einzelbildern bewegen. Außerdem hilft dir das, Figuren wieder an ihren richtigen Platz zurückzubringen, wenn du sie versehentlich umgeworfen hast.

- **Live-Wiedergabe:** Die unmittelbare Wiedergabe ist unverzichtbar, um die Handlungen deiner Figuren zeitlich richtig abzustimmen. Es ist auch einfach toll, sich das Ergebnis sofort anzusehen.

- **Kameraunterstützung:** Vergewissere dich, dass die ausgewählte Software mit deiner Kamera zusammenarbeiten kann.

- **Fernbedienung:** Die besten Stop-Motion-Programme ermöglichen es dir, ein Bild aufzunehmen, ohne die Kamera zu berühren, um Erschütterungen des Sets zu vermeiden.

- **Exportoptionen:** In manchen Programmen hast du Zugriff auf die Rohdateien für jedes Einzelbild, während andere nur eine Videodatei explorieren können. Achte darauf, dass die Software die Exportmöglichkeiten anbietet, die du für deine Postproduktion brauchst.

- **X-Sheets:** X-Sheets (»Exposure Sheets«, also wörtlich »Belichtungsbögen«) sind eine hervorragende Möglichkeit, um während der Animation den Überblick über die Handlungen, den Dialog usw. zu behalten. Wenn sie unmittelbar in der Software zur Verfügung stehen, macht sie das noch wertvoller.

- **Erweiterte Funktionen:** Dazu gehören »Shooting on twos«, Mehrfachbelichtung, Bewegungssteuerung (Motion Control) usw. Wenn du nicht weißt, worum es sich bei diesen erweiterten Funktionen handelt, brauchst du sie wahrscheinlich auch nicht.

Hinweis

Weitere nützliche Software wird in Kapitel 9 besprochen.

Apps für Mobilgeräte

Apps für Mobilgeräte sind eine hervorragende Einsteigerlösung. Sie sind bereits mit der Kamera verbunden und enthalten nur die wichtigsten Funktionen. Wenn du in einem App-Store nach »stop motion« suchst, wirst du viele verschiedene Angebote finden, von denen viele umsonst sind oder nur wenige Euro kosten. Für iOS-Geräte bietet LEGO selbst ein hervorragendes kostenloses Produkt an, nämlich LEGO Movie Maker, der alle nötigen Grundfunktionen enthält. Etwas anspruchsvoller sind Stop Motion Studio von Cateater und iStopMotion for iPad von Boinx Software; sie geben dir etwas mehr Kontrolle über die Kamera, ermöglichen eine Fernbedienung mithilfe zweier synchronisierter Mobilgeräte usw.).

- 🔩 **Stärken:** Leicht zu verwenden; direkt mit der Kamera verknüpft; billig.
- 🔩 **Schwächen:** Keine erweiterten Funktionen; eingeschränkte Exportoptionen; wenig Speicherplatz.
- 🔩 **Empfohlen für:** Einsteiger.
- 🔩 **Unsere Empfehlung:** LEGO Movie Maker (iOS), Stop Motion Studio von Cateater (iOS, Android und Windows), iStopMotion for iPad von Boinx (iOS).

Apps für Mobilgeräte bieten eine einfache Möglichkeit, um in die Stop-Motion-Animation einzusteigen.

Eine andere Möglichkeit besteht darin, gar keine Animationssoftware zu verwenden! Bewege einfach deine Figuren und nimm die Einzelbilder mit deiner Kamera auf. Bei einer solchen „blinden Animation" musst du mehr raten, aber sie kann genauso viel Spaß machen und ebenfalls gute Ergebnisse bringen.

Desktop-Software

Die Palette der Stop-Motion-Software für Desktop-Computer reicht von selbst gestrickten Programmen von Fans bis zu den offiziellen Produkten etablierter Softwarehersteller. Manche Brickfilmer schwören auf kostenlose Programme wie Monkey Jam, Helium Frog und StopMojo, andere dagegen bevorzugen die Stabilität und den Kundendienst von kommerziellen Angeboten wie Stop Motion Pro und Boinx iStopMotion. Von manchen Softwarepaketen gibt es unterschiedliche Varianten mit verschiedenen Funktionen, weshalb du genau darauf achten musst, dass du auch das Produkt kaufst, das du wirklich brauchst.

Die Grundfunktionen sind bei praktisch allen Stop-Motion-Programmen gleich, aber die Kameraunterstützung schwankt sehr stark. Wie immer musst du deine Hausaufgaben machen, um das richtige Produkt auszuwählen.

- 🎲 **Stärken:** Viele Funktionen; Unterstützung für Webcams.
- 🎲 **Schwächen:** Die Kamerakompatibilität kann eingeschränkt sein; selbst geschriebene Produkte von Fans können viele Bugs aufweisen.
- 🎲 **Empfohlen für:** Fortgeschrittene.
- 🎲 **Unsere Empfehlung:** Stop Motion Pro (PC), Boinx iStopMotion (Mac)

Desktop-Software bietet mehr Funktionen.

Desktop-Software: Dragonframe

Dragonframe ist das Nonplusultra der Stop-Motion-Software und wird von professionellen Studios für teure Filme wie *Paranorman*, *Frankenweenie* und *Shaun das Schaf* verwendet. Es schließt Vorproduktionswerkzeuge wie X-Sheets ein, bietet haufenweise Funktionen und unterstützt die meisten Kameras. Allerdings kostet es auch am meisten.

Unseren Film *The Magic Picnic* haben wir mit Dragonframe animiert. Wir lieben dieses Programm, aber für die meisten Brickfilmer reicht auch eine weniger komplizierte Software.

- **Stärken:** Enthält sämtliche Funktionen, die man sich nur wünschen kann; unterstützt viele Kameras; wird mit einem besonderen Tastenfeld geliefert, um während der Animation schnell auf die wichtigsten Funktionen zugreifen zu können.
- **Schwächen:** Zu kompliziert für Anfänger; teuer.
- **Empfohlen für:** Profis mit digitalen Spiegelreflexkameras.

Dragonframe –
professionelle
Stop-Motion-Software

Deine Animationsausrüstung

Vielleicht juckt es dich jetzt in den Fingern, mehr Ausstattung und Zubehör zu kaufen. Das ist im Prinzip eine gute Idee, denn es macht immer Spaß, seine Filmausrüstung zu ergänzen. Kaufe aber nicht mehr, als du brauchst, und achte darauf, dass alles, was du dir zulegst, deine vorhandene Ausstattung sinnvoll ergänzt und nicht unnötig kompliziert machst. Einige der großartigsten Filme der Welt (Brickfilme und andere) wurden mit einfachen Mitteln hergestellt. Beim Filmen steht das im Mittelpunkt, was du mit der Kamera aufnimmst, und nicht die Kamera selbst.

Jeder dieser drei verschiedenen Aufbauten ist geeignet, um Filme zu produzieren. Wichtig ist, dass du innerhalb deines Budgets bleibst und mit deiner Ausrüstung das tun kannst, was du tun möchtest.

7 Die kreative Arbeit

Wir haben jetzt sehr viel über die handwerkliche Seite der LEGO-Animation gesprochen und dabei praktische Themen wie den Aufbau des Studios, die Gestaltung von Sets, die Animation von Figuren usw. behandelt. Jetzt wollen wir uns der Kunst der Filmproduktion zuwenden – dem Drehen von Filmen, mit denen du anderen Menschen deine Ideen vermittelst und deine Geschichten erzählst.

Eine Idee für einen Film zu entwickeln kann ebenso spannend und knifflig sein wie die eigentliche Produktion. Im Laufe unserer Arbeit als Filmemacher und Lehrer haben wir den Vorgang der Filmentwicklung auf zwei grundlegende Techniken reduzieren können: die spielerische, improvisierte Vorgehensweise und die geplante. Mithilfe dieser Technik kannst du aus deinen ersten Ideen einen kompletten Film machen. Aber wie kommt man überhaupt zu einer Filmidee?

Brainstorming

Wir werden oft gefragt: »David(s), woher habt ihr eigentlich diese ganzen verrückten und tollen Ideen für eure LEGO-Animationen her?« Trotz verschiedener Gehirnuntersuchungen haben die außerirdischen Wissenschaftler den Ursprung unserer Kreativität noch nicht genau lokalisieren können. Allerdings haben sie einige wiederkehrende Muster gefunden. Nach all den Jahren schmerzhafter Untersuchungen können wir die folgende Liste von Tipps für ein erfolgreiches Brainstorming präsentieren:

⬡ **Beschäftige dich mit den Dingen, die du magst.** Was sind deine Hobbys? Was macht dir Spaß? Zeltest du gern? Spielst du in einer Band? Stellst du Dekorationen aus Seife her? Was immer dir Spaß macht, tue es und überlege dir, welche Arten von Geschichten du darüber erzählen kannst.

Scan Nr. 472: Die Probanden haben einige wenige gute Ideen und Unmengen von albernen und völlig unrealistischen.

Was war dein schlimmster Campingurlaub? Warum bist du der Band beigetreten? Was war die Ursache des Seifendesasters von 2012?

Mach dein Brainstorming, während du arbeitest. (Pfeifen ist optional.)

🎲 **Setze dir Grenzen.** Eine der besten Möglichkeiten, dein Gehirn zu kreativen Höchstleistungen anzuspornen, besteht darin, dir selbst Grenzen zu setzen. Bei Filmwettbewerben gibt es gewöhnlich feste Regeln für die Laufzeit, das Thema oder den Stil der Beiträge. Wenn du ein neues Projekt beginnst, suche dir einen kommenden Wettbewerb aus und setze dir selbst dessen Einsendeschluss als Fertigstellungstermin für deinen Film. Der Wettlauf gegen die Zeit bei Einhaltung der Regeln für den Wettbewerb kann oft neue und ungeahnte Ideen freisetzen.

🎲 **Lege eine Pause ein und mach etwas ganz anderes.** Räum dein Zimmer auf, stell dich unter die Dusche, geh einkaufen oder einfach spazieren. Etwas Abstand von der Filmproduktion zu nehmen, kann den Druck, unbedingt eine Idee entwickeln zu müssen, von dir nehmen und deine Fantasie wandern lassen.

🎲 **Mache aus vorhandenen Ideen etwas Eigenes.** Vorhandene Ideen und Geschichten zu etwas Neuem zu kombinieren ist das Wesen der Kunst. Selbst Shakespeare hat das getan! Scheue dich also nicht, Ideen von anderen Künstlern auszuborgen. Das heißt jedoch nicht, dass du einfach ein Plagiat erstellen solltest – entwickele aus diesen fremden Ideen etwas Eigenes, und gib die Ehre, wem die Ehre gebührt.

🎲 **Führe ein Ideentagebuch.** Ideen sind oft flüchtig, weshalb es wichtig ist, sie aufzuschreiben, bevor sie wieder entschwinden. Es kann sein, dass du einfach die Straße entlanggehst und dich plötzlich durch ein interessant aussehendes Stück Schrott inspiriert fühlst oder dass du aus einem Traum aufwachst, der dir eine Idee für eine anspruchsvolle Musiknummer gegeben hat. Auch wenn sich diese Idee nicht für dein laufendes Projekt eignet, schreibe sie auf – du weißt nie, wann du sie gebrauchen kannst.

🎲 **Spiele mit LEGO-Steinen herum.** Dies ist schließlich ein Buch über LEGO-Animation! Es steckt viel kreatives Potenzial in einem Haufen von LEGO-Steinen. Fang einfach an zu bauen und lass dich überraschen, was dabei geschieht.

Bei den Vorarbeiten zu „Little Guys!" habe ich mich intensiv mit einem meiner Lieblingshobbys beschäftigt – Retro-Fernsehwerbespots! Auf eBay habe ich eine VHS-Kassette mit vier Stunden Werbespots aus den 80er-Jahren gefunden. Die habe ich mir wiederholt angesehen und mir dabei Notizen über wiederkehrende Themen sowie darüber gemacht, wie die Menschen miteinander geredet haben. Außerdem habe ich Skizzen der Arten von Personen angefertigt, die darin vorkamen.

Ich nutze oft Wettbewerbe, um meine Kreativität für eigene Brickfilme anzukurbeln. Die Inspirationsquelle für meinen Film „Metamorphosis" war der Bricks-in-Motion-Wettbewerb mit dem Motto „Avant-Garde" des Jahres 2010. Die Motivation, den Film zu vollenden, brachte der Einsendeschluss für Mofilm Cannes 2010.

Was wäre, wenn – ?

Fast jede Filmidee kannst du mit der Frage »Was wäre, wenn – ?« umschreiben. Das ist eine großartige Möglichkeit, um umfassende Ideen zu formulieren. Kannst du die Filme erkennen, die wir mit den folgenden Was-wäre-wenn-Fragen umschrieben haben?

- Was wäre, wenn Forscher einen Riesenaffen entdeckten und nach New York brächten?
- Was wäre, wenn Wissenschaftler eine Möglichkeit entdeckten, um Geister zu fangen, und daraus ein Geschäft machten?
- Was wäre, wenn sich eine Meerjungfrau in einen Menschen verliebte?
- Was wäre, wenn das Spielzeug in einem Kinderzimmer zum Leben erwachte, sobald niemand mehr im Raum ist?
- Was wäre, wenn sich jemand in eine Person verliebte, die er in einer Radiosendung gehört hat?
- Was wäre, wenn es eine Maschine gäbe, die schlechte Erinnerungen auslöschen könnte?
- Was wäre, wenn du sehen könntest, wie die Welt aussehen würde, wenn du nie geboren wärst?
- Was wäre, wenn ein Mann vortäuscht, eine Frau zu sein, um einen Job als Schauspielerin zu bekommen?
- Was wäre, wenn eine Frau vortäuscht, ein Mann zu sein, um einen Job in einer Fußballmannschaft zu bekommen?
- Was wäre, wenn eine Frau vortäuscht, ein Mann zu sein, der vortäuscht, eine Frau zu sein, um einen Job als Sänger zu bekommen?

Versuche, deine Filmidee als Was-wäre-wenn-Frage zu formulieren. Damit hast du schon eine Zusammenfassung deiner Filmhandlung. Diese einfache Frage kannst du als Ausgangspunkt nutzen, um die Figuren, den Plot und andere Einzelheiten zu entwickeln.

Die spielerische Vorgehensweise

Nachdem du deine erste Idee entwickelt hast, musst du sie weiter ausarbeiten. Dazu kannst du eine spielerische Vorgehensweise nutzen, bei der du, wie der Name schon sagt, mit deinen Ideen herumspielst, sodass sich die Geschichte von selbst entwickelt.

Wie spielt man mit einer Idee herum? Dazu kannst du eine beliebige LEGO-Konstruktion vor der Kamera platzieren und eine Geschichte Einstellung für Einstellung weiterführen. Nehmen wir an, du hast eine Burg gebaut. Du kannst dann mit einer Einstellung beginnen, bei der die Zugbrücke abgesenkt wird. Frage dich jetzt: »Warum wird die Zugbrücke abgesenkt? Wer wird sie benutzen? Betritt diese Person die Burg oder verlässt sie sie?« Mach so weiter, bis du das Gefühl hast, dass die Geschichte abgeschlos-

sen ist, bis du alle eindrucksvollen Teile der Konstruktion gezeigt hast, oder beides.

Du kannst dir auch selbst ständig Fragen über deine Geschichte stellen. Bei *The Magic Picnic* sind wir von der folgenden Frage ausgegangen: »Was wäre, wenn zwei Freunde im Park einen Zauberstab fänden?« Daraufhin haben wir immer mehr Fragen gestellt, um unsere Geschichte zu entwickeln:

- 🎲 Wer sind Matt und Anna? In welcher Beziehung stehen sie zueinander?
- 🎲 Was machen sie im Park?
- 🎲 Wo haben sie den Zauberstab gefunden?
- 🎲 Was bewirkt der Zauberstab? Wie funktioniert das?
- 🎲 Was wäre, wenn eine andere Person den Zauberstab in die Finger bekäme?

Matt und Anna finden einen Zauberstab. Was geschieht als Nächstes?

Um mit der spielerischen Vorgehensweise eine Geschichte zu entwickeln, ist oft nicht mehr erforderlich, als einfach mit einigen Minifiguren herumzuzaubern.

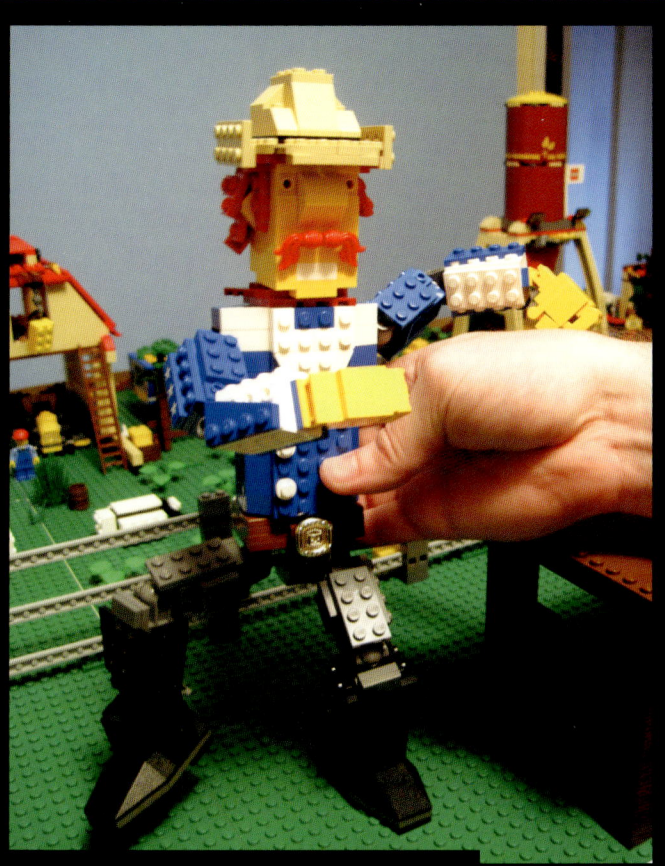

Wenn du mit den Figuren herumspielst, kann dir das eine Vorstellung davon geben, wie sie sich bewegen oder verhalten.

Mit der spielerischen Vorgehensweise kannst du sogar abendfüllende Spielfilme gestalten! Zwei meiner ersten Brickfilme waren 45 bzw. 60 Minuten lang. Meine Freunde und ich haben die Geschichte entwickelt, während wir den Film drehten.

Diese Filme waren voller Abschweifungen, Gedankensprünge und Unsinn, aber wir hatten viel Spaß, sie herzustellen. Die spielerische Vorgehensweise eignet sich hervorragend, um Ideen auszuprobieren.

Ein Nachteil der spielerischen Vorgehensweise besteht darin, dass du dabei gelegentlich ein oder zwei Szenen animierst, die letzten Endes nicht zu der fertigen Geschichte passen. Es kann wehtun, wenn man gezwungen ist, etwas aus seinem Film herauszuschneiden, aber wenn eine Einstellung nichts zu der Geschichte beiträgt (oder sogar davon ablenkt!), dann musst du sie entfernen.

Das bringt uns zu einer weiteren Was-wäre-wenn-Frage: »Was wäre, wenn es eine Möglichkeit gäbe, um sicherzustellen, dass es alle Einstellungen in den fertigen Film schaffen?« Hier kommt die geplante Vorgehensweise ins … ahem … Spiel.

Die geplante Vorgehensweise

Die *geplante Vorgehensweise* entspricht der Methode, die auch bei teuren Spielfilmen eingesetzt wird:

1. Entwickle deine Idee.
2. Schreibe das Drehbuch.
3. Zerlege das Drehbuch in eine Liste der Einstellungen (Drehplan).
4. Gestalte das Storyboard.
5. Zeichne ggf. den Dialog oder das Lied (bei einem Musikvideo) auf.
6. Wandle dein Storyboard in ein Animatic um.
7. Gestalte die erforderlichen Kulissen, Figuren usw.
8. Beleuchte und animiere jede einzelne Einstellung deines Films.
9. Ersetze die Storyboard-Bilder im Animatic durch die einzelnen Aufnahmen.
10. Füge Geräusche, Musik und andere Postproduktionseffekte hinzu.
11. Speichere und veröffentliche deinen Film.

Wenn du alles im Voraus planst, kannst du dir (ziemlich) sicher sein, dass auch jede Einstellung, die du animierst, in den fertigen Film gelangt. Wie bei der spielerischen Vorgehensweise wird sich dein Film jedoch immer noch ändern und weiterentwickeln, während du daran arbeitest. Das fertige Produkt wird nicht genau mit dem Storyboard oder dem Drehbuch übereinstimmen; diese Hilfsmittel dienen dir nur als Richtschnur für die Herstellung deines Films.

Sehen wir uns nun die einzelnen Schritte der geplanten Vorgehensweise genauer an.

Das Drehbuch schreiben

Bei der geplanten Vorgehensweise baust du deine Handlungszusammenfassung zu einem vollständigen *Drehbuch* aus. Darin arbeitest du die Handlung, die Aufnahme und den Dialog des Films schriftlich aus.

Auch beim Schreiben eines Drehbuchs gibt es wieder eine spielerische und eine geplante Vorgehensweise. Du kannst das Handlungsgerüst deiner Geschichte ausarbeiten und das Drehbuch auf dieser Grundlage schreiben, aber auch einfach zu schreiben beginnen und die Geschichte dabei entwickeln.

Aufbau eines Drehbuchs

Drehbücher enthalten die folgenden allgemeinen Elemente:

- **Ort:** Wo findet die Handlung statt? Hierbei wird gewöhnlich zunächst gesagt, ob es sich um eine Innen- oder Außenaufnahme handelt (INNEN/AUSSEN, oder auch englisch INT/EXT), gefolgt von einer genaueren Ortsangabe und der Tageszeit, beispielsweise: »INNEN. SCHWACH BELEUCHTETES WOHNZIMMER – NACHT« oder »AUSSEN. GRASBEWACHSENE BÖSCHUNG IN EINEM PARK – TAG«.
- **Regieanweisungen:** Sie beschreiben, was in der Szene geschieht. Was machen die Figuren? Was passiert um sie herum? Dein Drehbuch muss die Geschichte vollständig erzählen. Beispiele: »Matt tritt von links in den Bildausschnitt« oder »Anna hebt den Zauberstab auf, schaut ihn sich genau an und schwenkt ihn herum.«
- **Dialog:** Wer sagt was? Hier steht zunächst der Name der betreffenden Figur, gefolgt von dem, was sie sagt: »ALTE DAME: Ich möchte euch eine Geschichte von Anna und Matt erzählen …«

Kamera- und Schnittanweisungen: Dein Drehbuch kann auch Hinweise zur Kameraplatzierung und Aufnahmetechnik enthalten, beispielsweise: »BLENDEN ZU:« oder »Kamera schwenkt nach links«.

Beim Schreiben des Dialogs musst du darauf achten, dass Menschen nicht so reden, wie sie schreiben. Wenn man etwas aufschreibt, nimmt man sich die Zeit, auf die Wortwahl und die Grammatik zu achten. Beim Sprechen dagegen äußern wir die Worte, wie sie uns in den Sinn kommen. Die einfachste Möglichkeit, um dich zu vergewissern, ob dein Dialog natürlich klingt, besteht darin, ihn laut zu lesen.

Je nachdem, wie viel Dialog dein Film umfasst, kann es auch sinnvoll sein, eine *Leseprobe* durchzuführen. Dabei versammeln sich alle vorgesehenen Sprecher um einen Tisch und lesen (was auch sonst?) das vollständige Drehbuch von Anfang bis Ende. Dies ist eine hervorragende Gelegenheit, um ein Gefühl für den Handlungsfluss zu bekommen und jegliche Dialoge und Teile der Handlung noch einmal anzufassen, die nicht funktionieren.

Während der Leseprobe kann sich herausstellen, dass einige Teile des Drehbuchs wie Wiederholungen oder aus anderen Gründen überflüssig erscheinen. Wenn das der Fall ist, dann nimm diese Teile heraus! Der Sinn und Zweck des Drehbuchschreibens besteht darin, deine Geschichte zu optimieren, bevor du Stunden mit der Animation zubringst. Ein gutes Drehbuch muss erst mehrere Fassungen durchlaufen, bevor es ein hervorragendes Drehbuch ist. (Ja, dein Deutschlehrer hatte recht!) Die Zeit, die du zur Verbesserung deines Drehbuchs aufwendest, ist gut angelegt, dann dadurch machst du deinen Film wirkungsvoller.

```
                 ROBOPHELIA
       I am Report-O-Bot Ophelia. I come
       to question you on behalf of the
       Figurians.

                 GRABBOR
       You are allied with the
       fleshblocks? Are you not a robot?

                 ROBOPHELIA
       I was built to protect, not invade.

                 GRABBOR
       Then you were built wrong.

                 ROBOPHELIA
       I have one last question: Are you
       ready to be destroyed?

   A fight ensues. ROBOPHELIA defeats GRABBOR.

                 GRABBOR
       (with dying battery) You- do not-
       compute.

   ROBOPHELIA takes GRABBOR's arm and attaches it to her body.
   She turns to the camera triumphant.

                 ROBOPHELIA
       Well, I think we settled that
       question. Back to you Phil!
```

Je nach Art deines Films kann das Drehbuch mehr Regieanweisungen und weniger Dialog oder umgekehrt umfassen. Vergleiche diese beiden Auszüge aus den Drehbüchern für *NNN Kapitel 2 – Robots!* und *The Magic Picnic*. Welches enthält mehr Regieanweisungen? Warum ist das so?

```
FADE IN:

INT. LIVING ROOM - NIGHT

An old woman stands next to a fireplace, holding an old
book. She opens it, with the pages facing towards camera.

                 OLD WOMAN
       Let me tell you a story about Anna and Matt...

The camera pushes in on the books pages, and we--

                                         DISSOLVE TO:


EXT. GRASSY PARK HILLSIDE - DAY

Two friends, ANNA and MATT, sit and share a picnic lunch. As
they eat, a MAGIC WAND falls from the sky and lands between
them.

Matt picks up the wand, confused. He tries shaking the wand
to activate it, but nothing happens. Matt LEGO-shrugs, and
hands the wand to Anna, who begins examining it.

With a flourish, Anna waves the wand towards the picnic
basket... and it comes to life! The picnic basket starts
moving around the blanket like a puppy.
```

Dein Drehbuch kannst du mit einem Textverarbeitungssystem wie Microsoft Word oder Google Docs schreiben.

Der Drehplan

Die *Einstellung* ist die kleinste Einheit beim filmischen Erzählen. Sie reicht von dem Zeitpunkt, an dem ein Bild erscheint, bis zu dem ersten Schnitt, mit dem zu einem anderen Blickwinkel gewechselt wird. Beim Schnitt zu einem neuen Bild beginnt eine neue Einstellung.

Wenn du mit deinem Drehbuch zufrieden bist, besteht der nächste Schritt darin, einen Drehplan aufzustellen. Dazu zerlegst du die Geschichte in die einzelnen Einstellungen. Überlege, was du in jeder Einstellung zeigen willst, und beschreibe dies kurz. Gib auch an, um was für eine Art von Einstellung es sich jeweils handeln soll. (Die verschiedenen Arten lernst du in Kapitel 8 kennen.)

Der Drehplan ist besonders praktisch, wenn du deinen Film nicht in der Erzählreihenfolge aufnimmst. Dank der Zauberkunst des Filmschnitts kannst du die einzelnen Einstellungen in beliebiger Reihenfolge animieren und sie korrekt anordnen. Für diese Vorgehensweise gibt es verschiedene Gründe:

- 🁢 Wenn dein Film häufig zwischen zwei verschiedenen Orten wechselt – beispielsweise dem Inneren und dem Äußeren eines Hauses –, kannst du erst alle Innenaufnahmen und danach alle Außenaufnahmen machen. Das spart sehr viel Zeit und Arbeit.
- 🁢 Wenn du den Film fertiggestellt hast, bist du viel geschickter beim Animieren als zu Anfang. Daher solltest du mit den Einstellungen in der Mitte anfangen. Dadurch kannst du das Publikum am Anfang des Films mit deiner besten Arbeit günstig stimmen und ihm am Ende einen guten Eindruck hinterlassen.
- 🁢 Aufwendige Kulissen erfordern viel Bauarbeit, und es kann ermüdend sein, ständig daran zu arbeiten. Aber das ist kein Problem: Animiere zwischendurch die Szenen, für die du schon Kulissen hast, und mach dann wieder mit dem Bauen weiter.

SHOT LIST

INT Living room (Area 1)

1. WS old woman (minifig size with digital mouth), holding a book. She says "Let me tell you a story about Anna and Matt..." She opens it as we slow zoom in on the book and FADE TO

EXT Microscale City (Area 6)

2. EWS microscale city indistinct in bg. FADE TO:

EXT Town - picnic area (Area 2)

3. WS Picnic area, where ANNA and MATT sit on a blanket. As they eat lunch, a wand falls from the sky and lands in between them.
4. CU Wand on picnic blanket.
5. MS Matt is confused by the wand. Shake, nothing happens, offers it to anna offscreen left. Pan left to Anna, who accepts the wand and examines it.
6. WS hillside, same as 3. Anna uses the wand to make the picnic basket move. Anna ends her wand usage, and offers it back to matt, who is excited.
7. MS Matt, who looks at the wand, determined. He points it down towards screen left to zap the basket.
8. CU basket, a zap comes in from screen right, and transforms the basket into silly object #1.
9. MCU Anna reacts, amused.
10. CU basket, same as 8. More zaps come in and rapidly transform apple into silly objects #2-10. Object #10 is a robot, who starts walking around.

Ein Auszug aus dem Drehplan für *The Magic Picnic*

Das Storyboard

Wenn du den Drehplan aufgestellt hast, machst du dich als Nächstes an das *Storyboard*. Dabei verwendest du Zeichnungen, um den Ablauf deines Films zu skizzieren.

Es gibt viele verschiedene Vorgehensweisen dabei. Manche Filmemacher zeichnen ein Bild für jede Einstellung (ähnlich wie ein Comic). Andere gehen noch weiter und stellen die einzelnen Bewegungen und Posen einzeln dar. Wie ausführlich du das Storyboard machst, hängt davon ab, um was es in dem Film geht und wer das Storyboard zu sehen bekommen soll. Unter anderem spielen dabei folgende Überlegungen eine Rolle:

- Handelt es sich bei dem Film um eine Charakterstudie? Dann solltest du die Darstellung der Hauptfigur im Storyboard ausführlich planen.

- Handelt es sich um einen Actionfilm? Dann musst du mithilfe des Storyboards festlegen, wie sich die Figuren zueinander bewegen und wo sie sich im Verhältnis zueinander befinden.

- Handelt es sich um einen Werbespot? Dann kannst du mit dem Storyboard dafür sorgen, dass auch alle notwendigen Einstellungen vorhanden sind, die das Produkt von seiner Schokoladenseite zeigen.

- Muss das Storyboard von einer anderen Person zu einem bestimmten Termin überprüft und genehmigt werden? Dann musst du es so deutlich und präzise machen wie nur möglich.

Als kleine Starthilfe siehst du hier ein Bild aus einem Storyboard. Die Vorlage dafür findest du auf der Begleitwebsite *https://www.nostarch.com/legoanimation/*. Die meisten Brickfilmer verwenden zwar das Breitbildformat 16:9, aber für Spaß mit Filmen im Retroformat haben wir auch Hilfslinien für 4:3 beigefügt. (Mehr über Bildformate erfährst du in Kapitel 8.) In der Vorlage sind auch Felder für die Nummer der Einstellung und eine Beschreibung vorgesehen.

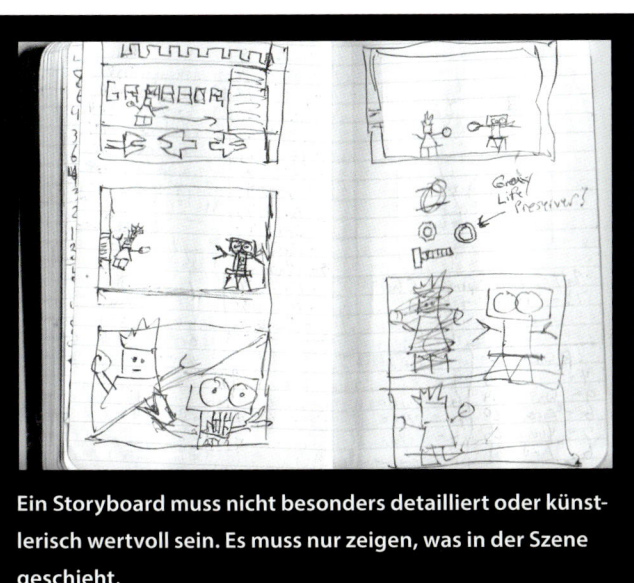

Ein Storyboard muss nicht besonders detailliert oder künstlerisch wertvoll sein. Es muss nur zeigen, was in der Szene geschieht.

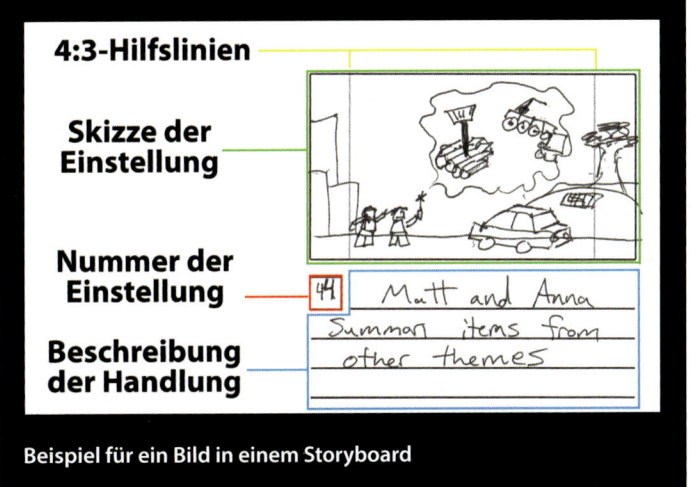

4:3-Hilfslinien

Skizze der Einstellung

Nummer der Einstellung

Beschreibung der Handlung

Beispiel für ein Bild in einem Storyboard

Hier siehst du eine Folge von Bildern aus dem Storyboard für *The Magic Picnic*. Zum Vergleich haben wir auch Aufnahmen aus dem fertigen Film hinzugefügt. Wie du siehst, entsprechen sie nicht immer genau der Skizze.

| 03 | Ein Zauberstab fällt auf die Picknickdecke von Anna und Matt |

| 04 | Großaufnahme Zauberstab auf Decke |

| 05 | Matt blickt den Zauberstab verwundert an. |

Übung: Erstelle ein Storyboard für eine Szene aus deinem Lieblingsfilm!

Künstler verfeinern ihre Techniken, indem sie von den Meistern lernen. Wähle eine Szene aus einem deiner Lieblingsfilme aus, schaue sie dir mit dem Finger auf der Pausentaste an und skizziere die einzelnen Einstellungen. Deine Skizzen müssen keine Kunstwerke sein, sondern nur genügend Anhaltspunkte enthalten, um zu zeigen, was in der Einstellung jeweils vor sich geht.

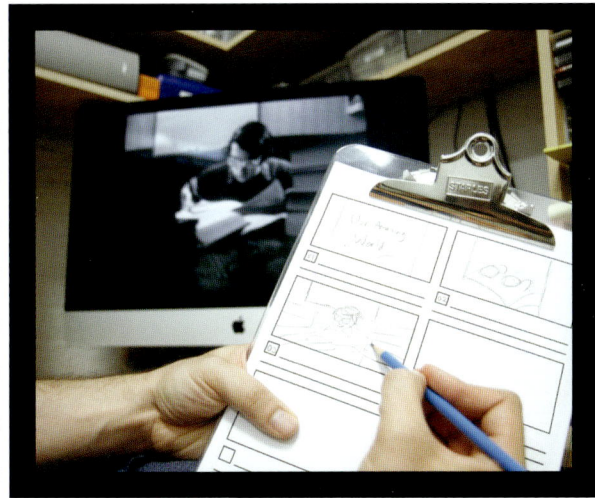

Animatic

Die Bilder deines Storyboards fügst du anschließend zu einem *Animatic* (auch *Storyreel* genannt) zusammen. Platziere die Bilder der einzelnen Einstellungen in einer Schnittsoftware (siehe Kapitel 9) in der gewünschten Reihenfolge. Sorge dabei dafür, dass jedes Bild ungefähr so lange auf dem Bildschirm zu sehen ist, wie die Einstellung im fertigen Film dauern soll. Dadurch bekommst du ein Gefühl für den Fluss der Handlung und dafür, wie lang die einzelnen Einstellungen sind. Dabei findest du möglicherweise heraus, dass du die zeitliche Abstimmung änderst, einige Zeichnungen hinzufügen oder einige entfernen musst. Das ist völlig normal – eine fortlaufende Änderung des Storyboards gehört mit zur Entwicklung eines Films. Je früher du Probleme in deinem Film erkennst und beheben kannst, umso besser.

Wir werden uns zwar erst in Kapitel 9 mit dem Ton beschäftigen, doch die Animatic-Phase ist auch der richtige Zeitpunkt, um deinen Film grob mit Ton zu versehen. Du musst dich dabei noch nicht um Geräusche kümmern, aber einige vorläufige Musikstücke und vorläufiger Dialog (gewöhnlich gesprochen vom Animator, was du dann später durch die Stimme des eigentlichen Sprechers ersetzt) können sehr hilfreich sein, um den Film zu entwerfen.

Das Animatic für *The Magic Picnic* kannst du dir auf *https://www.nostarch.com/legoanimation/* ansehen.

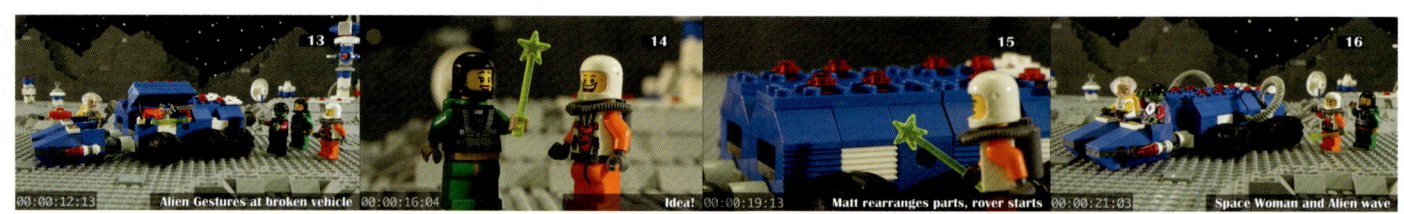

Zeichnen war nie mein Ding, weshalb ich gern ein „Foto-Animatic" erstelle. Statt zu zeichnen, verwende ich Standfotos der einzelnen Einstellungen, die ich zu dem Animatic kombiniere.

Verwende die Art von Animatic, die dir am besten liegt. Das Publikum wird es ohnehin nicht zu sehen bekommen – es sei denn, du drehst auch noch einen Film über die Entstehung deines Films mit einem Blick hinter die Kulissen (oder du schreibst ein Buch über LEGO-Animation).

Zeichnen macht Spaß!

Arbeitsblätter für den Überblick

Wenn dich der Planungsrausch packt, kannst du jene wundersamen Einrichtungen namens *Arbeitsblätter* nutzen, um den Überblick über deine Arbeit zu behalten.

Du solltest ein Programm wie Numbers, Excel oder Google Sheets verwenden, um ausführlich Buch über deinen Drehplan zu führen, einschließlich Angaben wie Einstellungsnummer, Länge der Einstellung in Einzelbildern, technische Daten der Kamera usw. Wenn du alle Informationen in einem Arbeitsblatt sammelst, weißt du, wo du nachsehen musst, wenn du mit der nächsten Einstellung beginnst.

Du kannst Arbeitsblätter auch nutzen, um die Aktionen für eine Einstellung Einzelbild für Einzelbild darzustellen. Diese Art von Arbeitsblatt wird als *X-Sheet* bezeichnet (von »Exposure Sheet«, also eigentlich »Belichtungsbogen«). Die Zeilen eines solchen Arbeitsblatts stehen für die Einzelbilder der Einstellung, während du in den Spalten Angaben zu Lippenbewegungen, Kamerapositionen und allen anderen Dingen machen kannst, die du während der Animation im Auge behalten musst.

Arbeitsblätter können ein Eigenleben entwickeln. Möglicherweise wirst du feststellen, dass ihre Zellen gar nicht mehr aufhören wollen, sich zu vermehren.

Du kannst am Computer anspruchsvolle X-Sheets entwerfen, sie aber auch einfach per Hand aufs Papier werfen, etwa wenn du in öffentlichen Verkehrsmitteln unterwegs bist. Fremde glauben dann allerdings womöglich, dass du nicht ganz richtig im Kopf bist. (Du kannst auch eine Vorlage von der Begleitwebsite *www.nostarch.com/legoanimation/* herunterladen.)

Die Herstellung eines Films ähnelt dem Jonglieren: Zu viele Bälle in der Luft zu halten, ist selbst für erfahrene Künstler ein Problem. Mithilfe der hier gezeigten Methoden kannst du alles genau planen. Wenn du dann deine Kamera einschaltest, kannst du gezielt wirklich großartige Einstellungen aufnehmen.

Plane die technischen Aspekte deines Films genau. Dann kannst du die Animation anschließend viel reibungsloser abarbeiten.

Kinematografie und Produktion

8

Bis jetzt haben wir uns nur damit beschäftigt, wie du dafür sorgen kannst, dass deine Kulissen und Figuren möglichst gut aussehen und sich bewegen. Es ist sehr wichtig, ansprechende Hintergründe und Darsteller zu bauen, aber genauso wichtig ist es, wie du sie aufnimmst.

Alles, was wir in Kapitel 7 besprochen haben, fällt unter die Rubrik *Vorproduktion*: die Konzeption des Films, die Entwicklung von Ideen für die einzelnen Einstellungen und die Vorbereitung auf die eigentliche Aufnahme.

In diesem Kapitel gehen wir zur *Produktion* über. Hier richtest du die einzelnen Einstellungen für dein Brickfilm-Meisterwerk ein und animierst sie. Dabei sprechen wir über Themen wie Bildfrequenz, Beleuchtung und Brennweite, damit du einen atemberaubenden Film drehen kannst. Außerdem geben wir eine Einführung in die Kunst der *Kinematografie*, bei der es darum geht, die einzelnen Einstellungen zu gestalten und großartige Bilder aufzunehmen.

Bildformat

Als Erstes müssen wir über das *Bildformat* sprechen, also das Verhältnis zwischen Breite und Höhe des aufgenommenen Bildes.

Was ist das richtige Bildformat für deinen Film? Um das zu entscheiden, musst du überlegen, wo du ihn zeigen willst. Betrachten deine Zuschauer ihn auf YouTube, auf einem Fernseher oder auf einem Handy? Auf was für einem Bildschirm dein Film auch immer zu sehen sein wird, es gibt ein passendes Bildformat dafür.

Bei der Auswahl des Bildformats solltest du folgende Dinge beachten:

🦷 **Ästhetik:** Das Bildformat kann helfen, einen bestimmten Eindruck zu vermitteln. Breitbildformate geben das Gefühl von epischer Breite, schmale dagegen wirken eher nostalgisch und persönlich.

🦷 **Ära:** Das Bildformat kann die Illusion vermitteln, dass der Film in einer bestimmten Ära gedreht wurde. Wenn dein Film wie eine Fernsehproduktion der 60er-Jahre wirken soll, dann ist 4:3 die beste Wahl, denn das war das damals verwendete Bildformat. Ein großartiges Beispiel für diese Vorgehensweise ist der Film *Grand Budapest Hotel* von Wes Anderson.

🦷 **Möglichkeiten der Kamera:** Prüfe nach, was für Bildformate deine Kamera aufnehmen kann. Wenn sie nicht in der Lage ist, das gewünschte Bildformat zu erzeugen, kannst du das Bild später auf das gewünschte Verhältnis beschneiden. Wir haben *The Magic Picnic* in 3:2 aufgenommen und später auf 16:9 beschnitten.

🦷 **Praktische Umsetzung:** Wenn deine Figuren und Kulissen sehr unterschiedliche Größen aufweisen, lassen sie sich bei manchen Bildformaten besser kombinieren als bei anderen. Nimm einige Testfotos auf, um dich zu vergewissern, dass du alle Elemente so platzieren kannst, wie du es gern möchtest.

Wenn du nicht sicher bist, welches Bildformat das richtige für dich ist, liegst du mit 16:9 sicher in der Mitte. Das ist das Bildformat der meisten Fernseh- und Kinoproduktionen und YouTube-Videos.

Beim Format 1:1 ist das Bild quadratisch. Dies ist das Standardformat von Instagram, Vine und anderen Social-Media-Plattformen.

2,35:1 ist einer der vielen Breitwand-Kinostandards. Das ist oft das, was du auf der Leinwand siehst.

4:3 ist das Bildformat von (älteren) SD-Fernsehern und -Computermonitoren.

16:9 ist der aktuelle Standard für HD-Video, -Fernsehen, -Spiele und -Computerbildschirme.

Bildfrequenz

Dein Film wird gleichmäßiger wirken, wenn du dich vor Beginn der Animation auf eine Bildfrequenz festlegst. Je höher die Bildfrequenz, umso glatter werden die Bewegungen, aber umso mehr Bilder musst du aufnehmen. Filme mit niedrigen Bildfrequenzen erfordern weniger Arbeit, wirken aber ruckhaft.

Als goldenen Mittelweg empfehlen wir eine Bildfrequenz von 12 bis 15 fps (»frames per second«, also Bilder pro Sekunde). Versuche nach Möglichkeit, eine Bildfrequenz zu nehmen, die ein Teiler von 24 (6, 8, 12 oder 24) oder 30 (5, 6, 10, 15 oder 30) ist. Das ist für den Export deines Films wichtig!

Unabhängig von der gewählten Bildfrequenz gilt: *Mehr Einzelbilder pro Sekunde bedeuten nicht automatisch eine bessere Animation!* Zusätzliche Einzelbilder aufzunehmen ist kein Wundermittel. Selbst bei der höchstmöglichen Bildfrequenz kann eine Animation ruckhaft wirken. Wenn dir die Aufnahme der Einzelbilder zu viel wird, probiere es mit einer niedrigeren Frequenz. Solange du dich an die Animationsregeln aus Kapitel 3 hältst, kannst du bei jeder Frequenz ein großartiges Ergebnis erzielen.

Schwenken eines Zauberstabs bei 5 fps

Gegenüberliegende Seite: der gleiche, eine Sekunde lang dauernde Clip bei 15 fps

Alles eine Frage der Einstellung

Wie wir in Kapitel 7 gesehen haben, ist die Einstellung die kleinste Einheit der filmischen Erzählkunst. Unabhängig von deiner Vorgehensweise (geplant oder spielerisch) musst du genau entscheiden, wie du die einzelnen Einstellungen gestaltest.

Zwei der wichtigsten Gestaltungselemente von Einstellungen sind die *Einstellungsart*, mit der du festlegst, wie viel von der Szene im Bild zu sehen ist, und die *Kamerabewegung* relativ zur Szene.

Einstellungsarten

Sehen wir uns als Erstes die üblichen Arten von Einstellungen an.

In der *Totale* erscheinen das Motiv der Szene und die Umgebung gleichberechtigt.

Die *Halbtotale* hebt das Motiv der Szene hervor, zeigt aber immer noch viel von der Umgebung.

Die *Halbnahaufnahme* konzentriert sich auf das Motiv, zeigt es aber nicht komplett.

Die *Großaufnahme* geht noch näher heran und konzentriert sich auf einen Teil des Motivs (hier den Kopf).

Der Begriff *Detailaufnahme* spricht für sich.

Kamerabewegung

Mit Bewegungen kannst du die gewählten Einstellungen dynamischer gestalten.

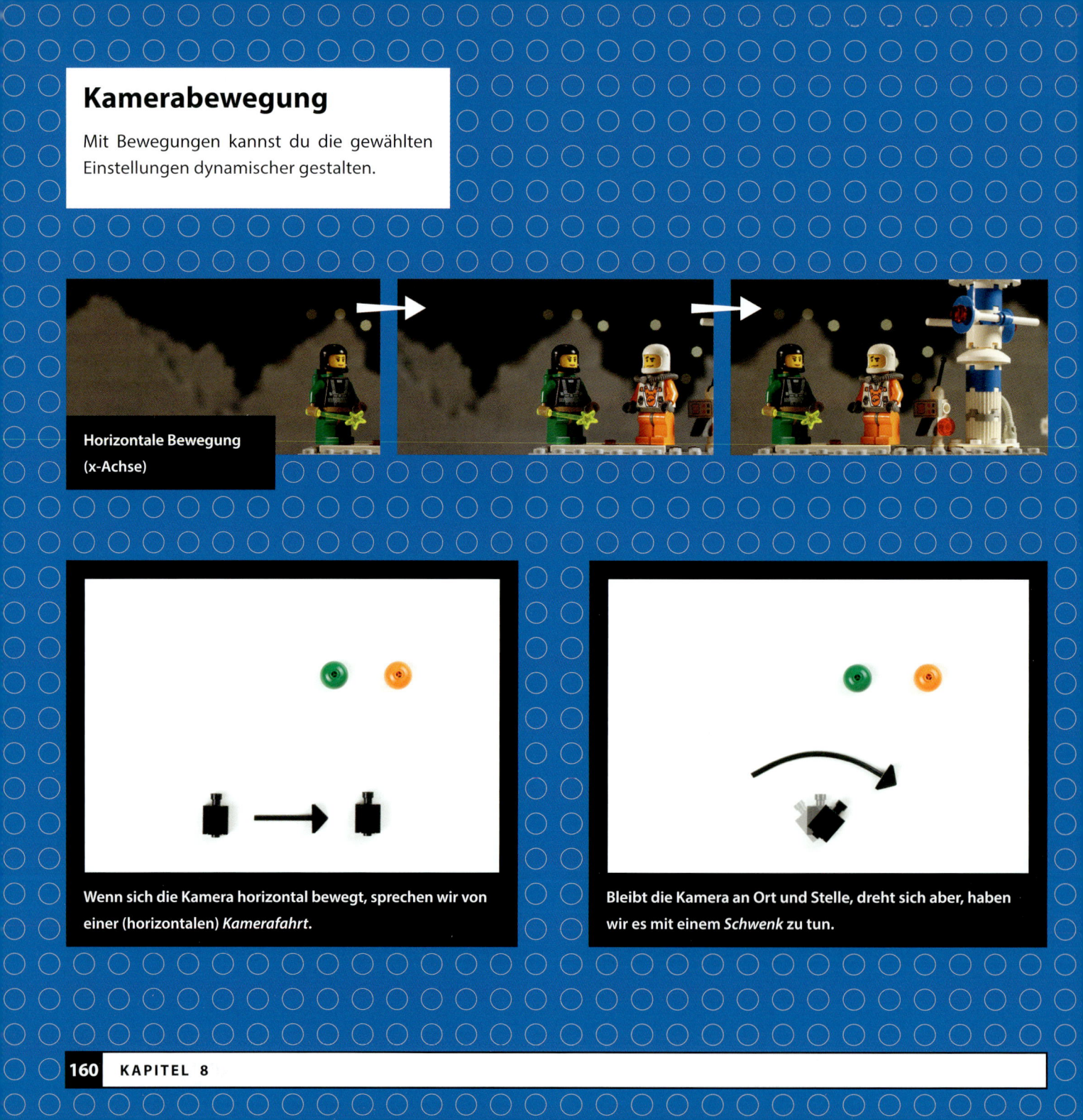

Horizontale Bewegung
(x-Achse)

Wenn sich die Kamera horizontal bewegt, sprechen wir von einer (horizontalen) *Kamerafahrt*.

Bleibt die Kamera an Ort und Stelle, dreht sich aber, haben wir es mit einem *Schwenk* zu tun.

Vertikale Bewegung (y-Achse)

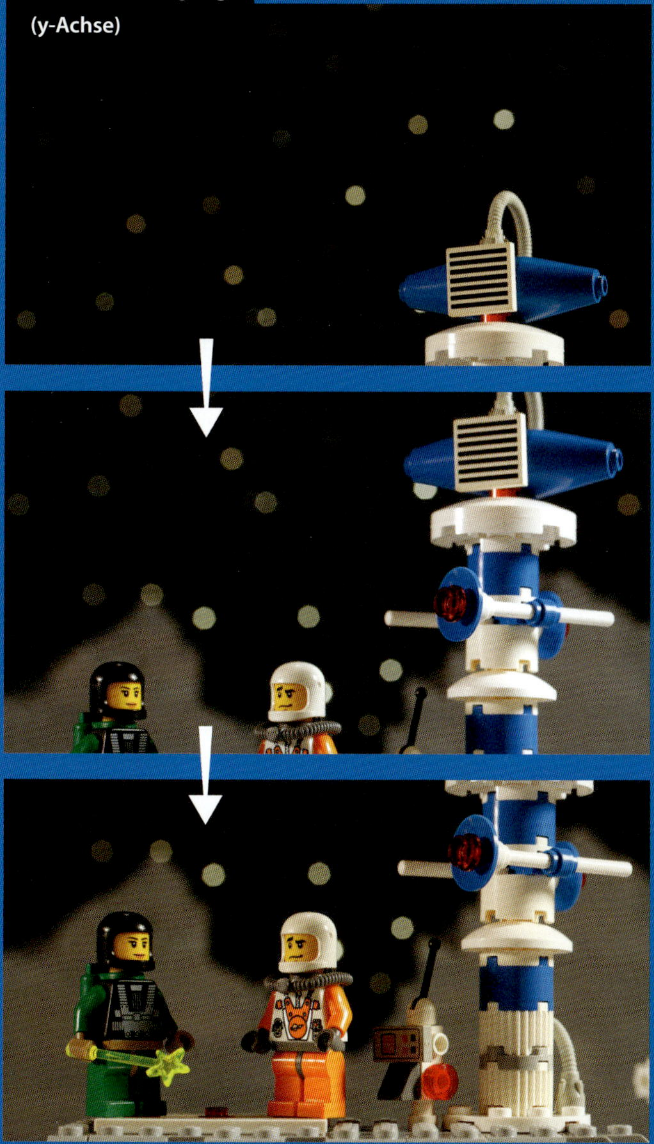

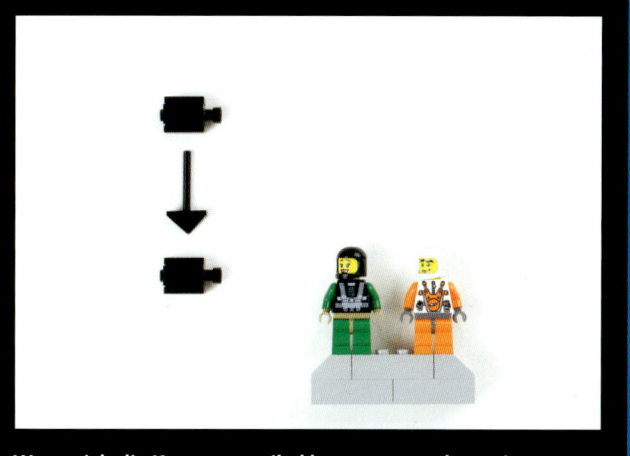

Wenn sich die Kamera vertikal bewegt, sprechen wir von einer (vertikalen) *Kamerafahrt*.

Dreht sich die Kamera nach oben oder unten, haben wir es mit einem *Vertikalschwenk* zu tun.

Bewegung in der Tiefe
(z-Achse)

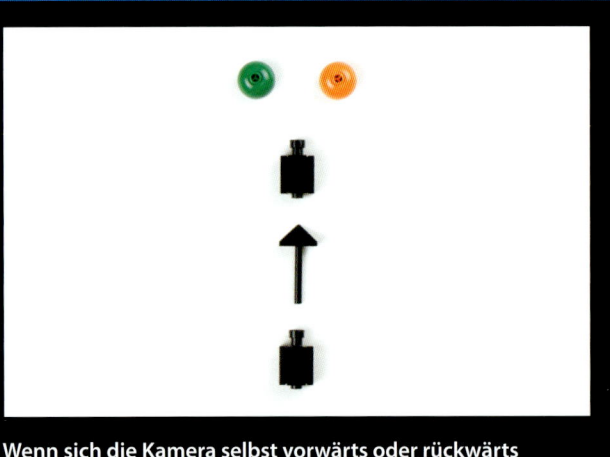

Wenn sich die Kamera selbst vorwärts oder rückwärts bewegt, sprechen wir wiederum von einer *Kamerafahrt*. Bleibt die Kamera an Ort und Stelle, während das Objekt das Motiv näher heranholt, wird der Effekt als *Zoom* bezeichnet.

Ich nehme die Kamerabewegungen direkt beim Filmen vor, was bedeutet, dass ich die Figuren „und" die Kamera gleichzeitig bewegen muss. Für Vertikalfahrten verwende ich absenkbare Stative, für Horizontalschwenks setze ich Servierdrehplatten ein, und für Fahrten lasse ich die Kamera auf selbst gebastelten Schienen laufen. Außerdem muss ich wirklich sehr viel rechnen, um die zeitliche Abstimmung der Abstände richtig hinzubekommen.

Scheue dich nicht, jeden denkbaren Trick anzuwenden (aus diesem Buch und aus anderen Quellen), um die Aufnahmen zu verwirklichen, die du dir vorstellst!

Diese grundlegenden Möglichkeiten für Einstellungen kannst du nun kombinieren, um bemerkenswerte Ergebnisse hervorzurufen. Beispielsweise kannst du eine Einstellung mit der Großaufnahme auf eine Figur beginnen und dann zu einer Totale der Umgebung schwenken.

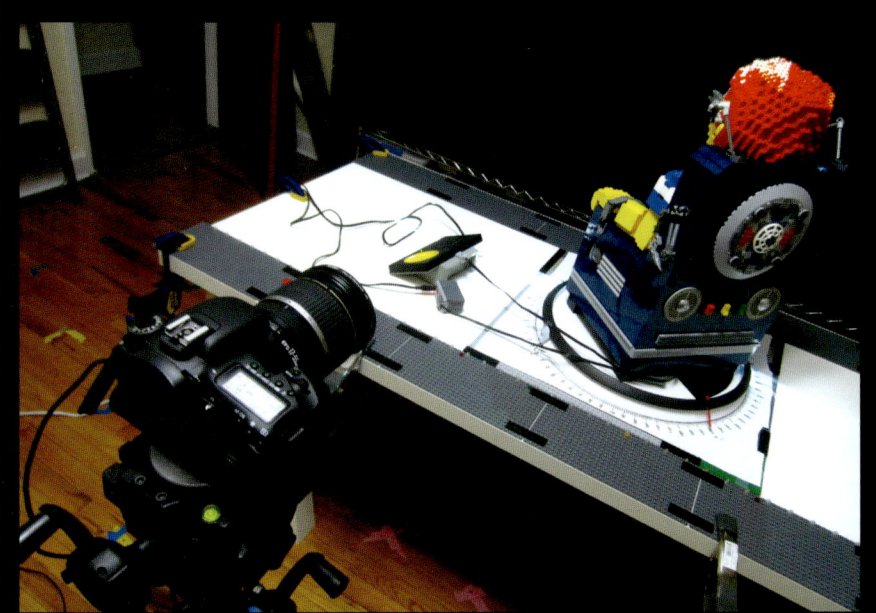

Für eine Einstellung in *Little Guys … In Space!* habe ich eine Servierdrehplatte auf der Grundlage einer verschiebbaren Grundplatte verwendet, um mehr Bewegung zu der Szene hinzuzufügen.

Dieses Stativ verfügt bereits über Räder, sodass ich nur noch ein paar Holzreste als Schienen hinzufügen muss, um einen Kamerawagen Marke Eigenbau zu bekommen.

Bildgestaltung

Als Nächstes musst du dir überlegen, wie die Einstellung aufgebaut sein soll. Die *Bildgestaltung* ist die Kunst, die Figuren, Requisiten, Fahrzeuge, Kulissen und anderen Elemente in der Szene anzuordnen.

Es gibt viele Möglichkeiten für die Gestaltung einer Einstellung, aber dabei gelten auch einige Grundregeln. Wenn du dich mit ihnen vertraut gemacht hast, kannst du mit ihnen herumspielen, um unterschiedliche Reaktionen in deinem Publikum hervorzurufen.

🎲 **Bilddrittelung:** Eine Möglichkeit, um eine ansprechende Bildgestaltung zu erreichen, besteht darin, sich den Bildausschnitt horizontal und vertikal gedrittelt vorzustellen. Richte die Einstellung nun so ein, dass sich die wichtigen Teile entlang der Teilungslinien oder an deren Schnittpunkten befinden.

🎲 **Kopffreiheit:** Wenn im Mittelpunkt der Einstellung eine Figur steht, solltest du dafür sorgen, dass sich ihr Kopf nicht zu nah am oberen Bildrand oder zu weit davon entfernt befindet. Auch hier kannst du wieder die Bilddrittelung heranziehen, um zu bestimmen, wo ungefähr sich die Augen der Figur befinden sollten.

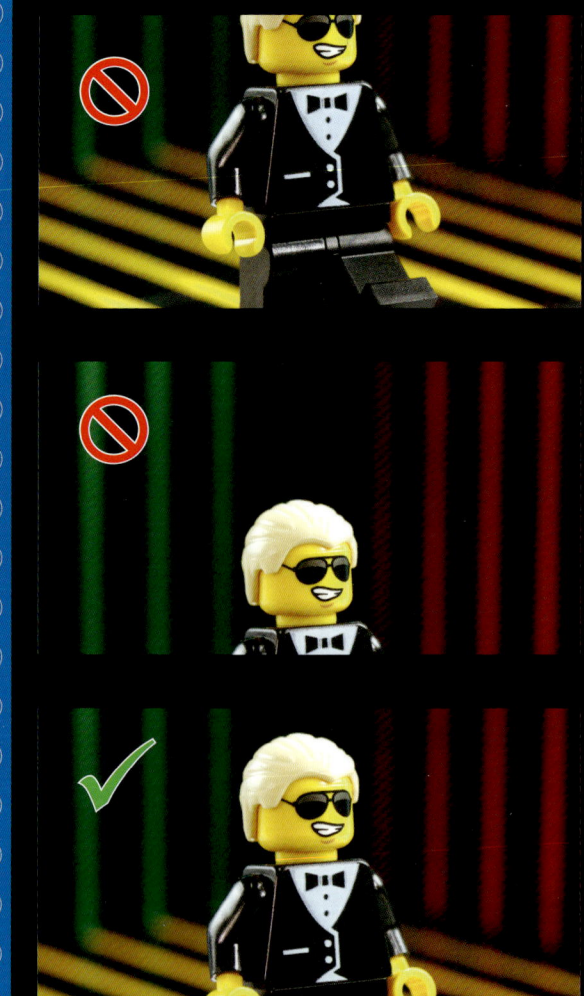

In diesem Bild befinden sich Matt und der Baum an Schnittpunkten der Teilungslinien. Der Himmel, die Skyline der Stadt und das Gras nehmen jeweils ungefähr ein Drittel des Bildes ein.

Die 180-Grad-Regel: Wenn zwei Figuren miteinander reden, ist es für das Publikum wichtig zu wissen, in welcher räumlichen Beziehung zueinander sie stehen. Stelle dir dazu eine Linie vor, die durch beide Figuren verläuft, und halte die Kamera bei allen Einstellungen einer Sequenz stets auf derselben Seite dieser Linie.

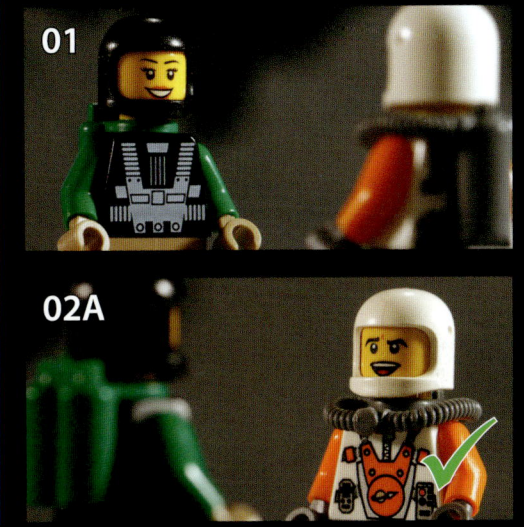

01

02A

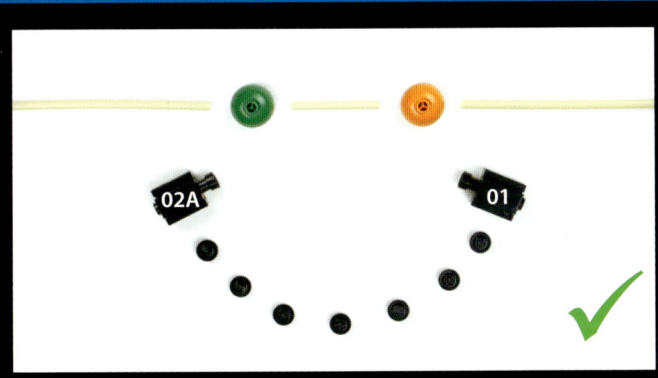

Die resultierenden Einstellungen. Bei Beachtung der 180-Grad-Regel bleiben die beiden Figuren in den zwei aufeinanderfolgenden Einstellungen jeweils auf ihrer Seite des Bildes (01 und 02A). Wird die 180-Grad-Regel verletzt (01 und 02B), scheinen sie die Seiten zu wechseln, was ihre Standorte scheinbar vertauscht.

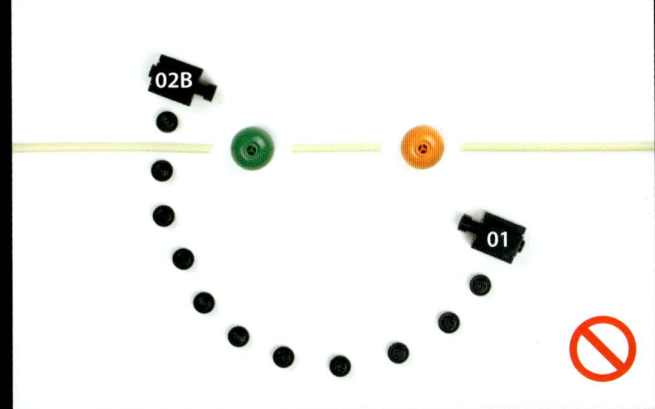

01

02B

Bei Anwendung der 180-Grad-Regel befinden sich die Kameras für die Einstellungen 01 und 02A auf derselben Seite der gedachten Beziehungsachse. Vollführt die Kamera dagegen einen sogenannten »Achsensprung«, wirkt das Ergebnis verwirrend.

Erzwungene Perspektive: Wenn du nicht alles auf einmal in die Szene einpassen kannst, was du gern zeigen möchtest, kannst du versuchen, Hintergrundelemente in einem kleineren Maßstab als dem des Hauptmotivs zu verwenden. Das kann einer Szene Tiefe verleihen und Kompositionen ermöglichen, die auf andere Weise nicht zu verwirklichen wären. (Mehr über die Arbeit mit unterschiedlichen Maßstäben findest du in Kapitel 5.)

Abbildung 8.1: Was wie eine ausgedehnte Stadt in weiter Ferne wirkt, ist in Wirklichkeit nur eine Skyline im Mikromaßstab, die sich keine 30 cm entfernt erhebt.

Mehr Licht!

Für Licht zu sorgen, ist heutzutage ganz einfach – man muss nur auf einen Knopf drücken. Licht in einem Brickfilm einzusetzen, um Szenen realistisch zu gestalten, erfordert jedoch etwas mehr Anstrengung. Auf den folgenden Seiten erfährst du mehr über die Kunst der Beleuchtung und die verschiedenen Möglichkeiten, um deinen Aufnahmen damit Struktur und Stimmung zu verleihen.

Es werde Licht – aber sicher!

Die Beleuchtung ist wahrscheinlich der gefährlichste Aspekt der Stop-Motion-Produktion. Die Arbeit mit elektrischen Geräten kann Gefahren bergen, und Lampen können so heiß werden, dass du dich daran verbrennen kannst. Wenn du die Lampen zwischen den Aufnahmen neu ausrichten musst, dann schalte sie ab und warte, bis sie abgekühlt sind. Folienfilter und Diffusoren, die du vor einer Lampe anbringst, können schmelzen oder sogar Feuer fangen. Wenn du zu viele Lampen an eine einzige Steckdose anschließt, kann das zu einem Kurzschluss führen oder die Sicherung durchbrennen lassen. Und der direkte Blick in eine grelle Lichtquelle droht deine Augen zu schädigen.

Sei immer besonders vorsichtig, wenn du mit elektrischen Geräten hantierst. Bitte jemanden mit Erfahrung, dir dabei zu helfen, die Lampen aufzustellen und abzubauen.

Das einfachste Beleuchtungsprinzip ist die sogenannte *Dreipunktbeleuchtung*, bei der du – was für eine Überraschung! – drei Lampen verwendest. Die folgende Abbildung zeigt, wie sie angeordnet sind.

- Der grüne Kreis steht für eine Figur, in diesem Beispiel Anna.
- Das schwarze Objekt ist die Kamera.
- Das *Führungslicht* (gelb) ist das Hauptlicht. Es befindet sich vor dem Motiv und gewöhnlich ein bisschen zur Seite versetzt. Normalerweise ist dies das hellste der drei Lichter, und es bestimmt die Gesamthelligkeit der Szene.
- Das *Fülllicht* (blau) hellt die Schatten auf, die das Führungslicht werden, und gleicht die Beleuchtung der Szene aus. Es ist gewöhnlich schwächer als das Führungslicht, um eine kontrastarme Beleuchtung des Motivs zu vermeiden.

- Das *Gegenlicht* oder *Spitzlicht* (rot) befindet sich hinter dem Motiv, und zwar gewöhnlich höher als der Kopf. Es dient dazu, das Motiv besser vom Hintergrund abzuheben. Sei aber vorsichtig, wenn du das Gegenlicht platzierst, denn wenn es direkt in die Kamera scheint, kann das Blendenflecken verursachen.

Die folgende Serie von Fotos zeigt die Auswirkungen der einzelnen Lichter des Dreipunksystems sowie ihre Kombination, um die Szene komplett auszuleuchten.

Nur Führungslicht

Nur Fülllicht

Nur Gegenlicht (beachte die Glanzlichter auf dem Haar!)

Alle Lichter in kompletter Dreipunktbeleuchtung

Stimmungsbeleuchtung

Die Dreipunktbeleuchtung ist ein hervorragender Ausgangspunkt, um deutliche, helle Aufnahmen zu bekommen, aber es gibt Fälle, in denen du gar keine helle Aufnahme haben willst. Beispielsweise wirst du in einer Szene, die in einer Gasse oder in einem dunklen Zimmer spielt, eher die Schatten betonen wollen.

Auch farbiges Licht kann die Stimmung einer Szene ändern. Blau wird oft für Nachtszenen verwendet, während sich Rot für einen Brand eignet oder einem Film einfach eine unheimliche Atmosphäre geben kann. Für solche Effekte kannst du entweder farbige Beleuchtungskörper verwenden oder getönte Kunststofffolien zwischen dem Licht und der Szene aufstellen. (Beachte dazu aber die Hinweise im vorhergehenden Kasten »Es werde Licht – aber sicher!«.)

Rotes Licht ist ideal für unheimliche Szenen am Lagerfeuer geeignet.

Bei dieser Einstellung unterhalb einer Tribüne ruft ein helles Gegenlicht Schatten hervor.

Hartes und weiches Licht

Da LEGO-Steine und -Minifiguren aus Hochglanzkunststoff bestehen, reflektieren sie Licht aus jeder Quelle sehr stark – auch dann, wenn es störend wird. Das Licht einer handelsüblichen Schreibtischlampe ist meistens zu grell oder zu *hart*.

Hartes Licht ist das, was du von einer nackten Birne bekommst. Es wirft kräftige Schatten, erzeugt starke Kontraste und eine erhebliche Blendwirkung. Hartes Licht ist oft das Ergebnis, wenn deine Lichtquelle kleiner ist als die Szene, die du damit ausleuchten willst. Natürlich gibt es nützliche Anwendungen für hartes Licht (z. B. um einen dramatischen Schattenwurf hervorzurufen), aber es kann die Ausleuchtung für LEGO-Animationen erschweren.

Um für eine gleichmäßigere Beleuchtung zu sorgen und eine unerwünschte Blendwirkung zu vermeiden, kannst du das harte Licht durch *Streuung* (*Diffusion*) zu *weichem Licht* machen. Dabei wird das Licht auf eine größere Fläche verteilt, was ideal für die stark reflektierenden Oberflächen von LEGO-Kulissen und -Figuren ist. Eine solche Streuung kannst du auf folgende Weisen erreichen:

- Anstatt das Licht direkt auf die Szene zu richten, lässt du es auf eine weiße Wand oder Platte scheinen, von der es zurückgeworfen wird. Dadurch wird deine Szene indirekt beleuchtet.
- Du kannst eine streuende Fläche zwischen die Lichtquelle und die Szene stellen, beispielsweise halbtransparenten weißen Stoff oder Papier. Wir empfehlen Backpapier, da es billig ist und hohe Temperaturen aushält.

Streuung sorgt für eine weiche, gleichmäßige Beleuchtung und verringert die Reflexion und Blendwirkung an deinen LEGO-Modellen.

Zwei gängige Möglichkeiten, um Licht zu streuen: Auf der linken Seite siehst du eine *Softbox*. Dabei handelt es sich um eine Lichtquelle in einem reflektiven Gehäuse, das mit durchscheinendem Stoff bespannt ist. Vor die Lampe auf der rechten Seite ist ein Stück Diffusionspapier gespannt.

Flimmern

Bei den grundlegenden Animationsübungen in Kapitel 1 ist dir vielleicht eine merkwürdige Erscheinung aufgefallen: Manchmal schien das Licht bei der Wiedergabe scheinbar völlig grundlos zu flimmern. Das passiert allen Animationsfilmern – uns eingeschlossen!

Es scheint zwar keinen Grund für dieses Phänomen zu geben, aber in Wirklichkeit gibt es oft *zu viele Gründe* für dieses Flimmern. Es kann verschiedene Ursachen haben, beispielsweise die Art und Weise, wie deine Kamera Bilder aufnimmt, die Art der verwendeten Beleuchtungskörper, die Kleidung, die du trägst, das Umgebungslicht und sogar unebene Böden.

Die folgenden Tipps zeigen dir, wie du diese Flimmerwirkung vermeiden kannst. Probiere verschiedene Möglichkeiten aus, um zu sehen, welche davon sich in deinem Fall am besten eignen:

- ⚙ Vergewissere dich, dass sämtliche automatischen Einstellungen deiner Kamera ausgeschaltet sind.
- ⚙ Trage keine helle Kleidung.
- ⚙ Vermeide unnötige Bewegungen im Raum.
- ⚙ Nimm die Animation nicht auf wackligen Oberflächen oder auf Teppichen vor.
- ⚙ Richte alle Quellen von Umgebungslicht (z. B. Computermonitore und Digitaluhren) von der Szene weg.
- ⚙ Lass während der Animation keine Haushaltsgeräte laufen, die viel Strom ziehen (wie Mikrowellenherde, Spülmaschinen oder Waschmaschinen).
- ⚙ Halte dich von deinem Szenenaufbau entfernt und bleibe während der Aufnahme der Bilder immer im selben Teil des Raums.

Einige Testaufnahmen vor Beginn der Animation können dir auch helfen herauszufinden, um welche Quellen von Flimmerwirkungen du dich kümmern musst.

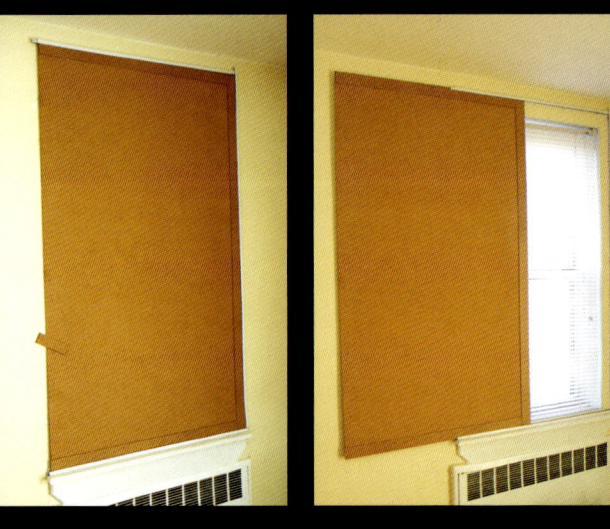

Diese abnehmbare Fensterabdeckung haben wir aus Hartfaserplatte und billigen Schienen aus dem Baumarkt gebaut.

Es gibt noch eine weitere Hauptursache für Flimmereffekte, nämlich „die Sonne". Die Sonne ist dein Feind. Du kannst sie nicht beeinflussen. Wenn du dein Aufnahmestudio nicht in einem fensterlosen Raum einrichten kannst, dann halte das Sonnenlicht durch große Platten oder Verdunkelungsvorhänge ab.

Um das noch billiger zu lösen, kannst du auch schwarze Müllsäcke oder Alufolie verwenden. Letztere bietet auch den zusätzlichen Vorteil, dass dann Außerirdische deine Gedanken nicht mehr lesen können.

Logische Lichtführung

Ein weiterer Aspekt, den du beachten solltest, um deine Beleuchtung noch realistischer wirken zu lassen, ist die *logische Lichtführung*. Dabei stellst du die in deiner Filmwelt vorhandenen Lichtquellen nach.

Nehmen wir beispielsweise an, du nimmst eine Szene auf, die tagsüber in einem Wohnzimmer spielt. In einem solchen Raum hast du Lampen an der Decke als Lichtquellen. Du kannst auch eine Lampe außerhalb des Raums aufstellen, um das einfallende Tageslicht zu simulieren.

Aber was machst du bei einer Nachtszene? Auch wenn die Sonne untergegangen ist, kann der Mond durch das Fenster hereinscheinen. Wenn deine Figur fernsieht, kann auch der Fernseher Licht ausstrahlen.

Die Anpassung der Beleuchtung deiner Szene an die dargestellte Situation und die Stimmung, die du erzeugen möchtest, ist unverzichtbar, um eine Kinowirkung zu erzielen.

Bei der logischen Lichtführung orientierst du dich an der Beleuchtung in der Realität. Ganz schön helle!

Jetzt wird's scharf

Bei der Aufnahme einer Einstellung musst du als Erstes den *Brennpunkt* (*Fokus*) einstellen. Damit bestimmst du, welche Teile des Bildes scharf und deutlich erscheinen und welche verschwommen dargestellt werden. Das Publikum erfährt dadurch, worauf es seine Aufmerksamkeit konzentrieren soll. Da Brickfilme gewöhnliche kleine Figuren und Sets zeigen, kann es schwierig sein, alles gleichzeitig scharf zu stellen. In solchen Fällen musst du deine Kreativität walten lassen, um zu entscheiden, welche Elemente der Szene scharf erscheinen sollen.

Viele Kameras verfügen über eine besondere Einstellung zur Aufnahme winziger Objekte. Dieser *Makromodus* (den wir bereits in Kapitel 6 angesprochen haben) ist gewöhnlich durch das Wort »Makro« oder eine Blume gekennzeichnet.

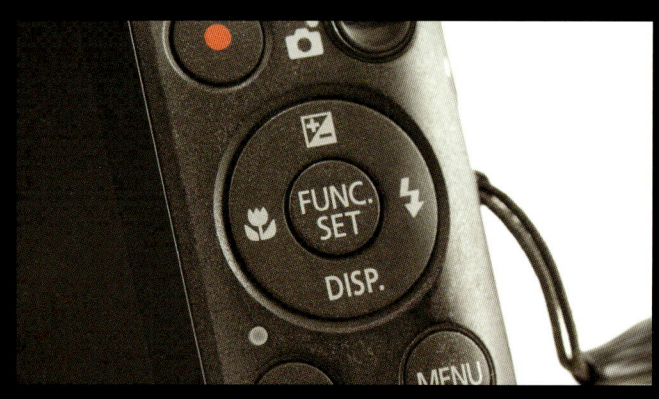

Die Makroeinstellung auf einer Kompaktkamera, gekennzeichnet durch eine Blume.

In dieser Fotoserie wechselt der Brennpunkt von Anna (die der Kamera am nächsten steht) zu Matt (der sich weiter weg befindet) und schließlich zu den Bergen (ganz weit weg im Hintergrund). Wenn ein Bereich deutlich und scharf dargestellt wird, erscheinen die anderen verschwommen.

Die Belichtung einstellen

Wenn deine Kamera Möglichkeiten dafür bietet, ist es jetzt auch an der Zeit, die Belichtungseinstellungen festzulegen. Damit beeinflusst du die Helligkeit, die Farbe und die Deutlichkeit deiner Bilder.

- Die *Blende* bestimmt die Größe der Öffnung im Objektiv, durch die Licht in deine Kamera einfällt. Die Werte dafür werden meistens mit einem vorangestellten *f* angegeben, z. B. f/5.6, f/8 usw. Je kleiner diese Zahl, umso weiter wird die Blende geöffnet und umso mehr Licht fällt ein.

- Die *Belichtungszeit* bestimmt, wie lange die Blende geöffnet bleibt. Angegeben wird sie gewöhnlich in Sekundenbruchteilen (z. B. 1/8 s, 1/10 s), bei sehr langen Belichtungszeiten aber auch in Sekunden.

- Die *ISO-Einstellung* gibt an, wie empfindlich die Kamera auf Licht reagiert. Je höher die ISO-Nummer, umso weniger Licht brauchst du, um eine Aufnahme zu machen. Diese Lichteinsparung erkaufst du dir aber durch eine Menge »Filmkorn« (Unschärfe) in deinen Bildern.

- Mit dem *Weißabgleich* bestimmst du, was die Kamera als weiß erkennt. Dadurch geben die Farben in den Bildern die Farben in der Szene korrekt wieder.

Um all diese Kameraeinstellungen meisterhaft zu beherrschen, ist oft jahrelange Übung erforderlich. Für den Anfang solltest du lernen, was die einzelnen Begriffe bedeuten, und deine Aufnahmen nach Augenmaß überprüfen. Auch hier können die Testaufnahmen vor Beginn der Animation helfen, eine ansprechende Gestaltung zu erreichen.

Durch Einstellen des Weißabgleichs in deiner Kamera sorgst du für korrekte, lebendige Farben.

Und ... Action!

Wie so viele andere Dinge im Leben ist auch die Stop-Motion-Animation ein Marathonlauf und kein Sprint. Nachdem du das erste Bild aufgenommen hast, solltest du durchhalten, bis du die komplette Einstellung animiert hast. (Du kannst dabei durchaus auch Spaß haben.)

Prüfe während der Arbeit immer wieder, ob du mit dem Aussehen der Bilder auch zufrieden bist. Animationssoftware enthält gewöhnlich Funktionen, die dir dabei entgegenkommen:

- Die üblichen *Wiedergabeelemente*, mit denen du deine Ergebnisse betrachten kannst.
- Eine *Zwiebelhaut-Funktion* (*Onion Skinning*), mit der du das letzte aufgenommene Bild halbtransparent dem Livebild der Kamera überlagern kannst.

- Einstellungen zum *Wechseln* zwischen Einzelbildern oder zur Wiedergabe der bisherigen Animation in einer *Schleife*.

Über die Produktion in diesem Stadium gibt es nicht viel zu sagen. Nachdem du die erste Aufnahme gemacht hast, ist es Zeit für die zweite, und dann für die dritte, die vierte, die fünfte ...

Wenn du deinen Film allein drehst, entspanne dich einfach und nimm dir die Zeit, die du brauchst, um die Einstellung abzuarbeiten. Arbeitest du zusammen mit einem Freund, kann er die Wiedergabe prüfen, während du die Figuren animierst. Bei der nächsten Einstellung könnt ihr die Rollen dann tauschen.

9 Post-production

Mittlerweile hast du schon viel Arbeit in dein LEGO-Meisterwerk gesteckt: Du hast eine spannende Geschichte geschrieben (oder spielerisch umgesetzt), tolle Figuren gestaltet, stabile Kulissen gebaut und dynamische Szenen animiert. Damit ist dein Film jetzt schon fast komplett – du musst nur noch die Einzelteile zusammenfügen. In diesem Kapitel sehen wir uns Ton, Videoschnitt, digitale Effekte und Möglichkeiten zur Veröffentlichung deines Films an.

Postproduktion erfordert viel Schneidearbeit und ein kleines bisschen Zauberei.

Ton

Bis jetzt haben wir uns nur um die optischen Aspekte des Films gekümmert, aber das ist nur die halbe Miete. Auch der Ton ist ein wichtiger Bestandteil jedes Films. Er erweitert deine Geschichten um eine weitere Dimension und gibt deinem Publikum entscheidende Informationen, manchmal auch nur unterbewusst. Ton gehört schon seit den Anfangstagen zum Film. Sogar die ersten Stummfilme hatten oft eine Musikbegleitung.

Wenn der Ton so wichtig ist, warum haben wir diesen Abschnitt dann bis zum Schluss des Buches aufgehoben? Für Neulinge auf dem Gebiet der Animation ist der Ton tatsächlich das letzte Element, das sie einem Film hinzufügen.

Wenn du deine erste Animation gestaltest oder der spielerischen Vorgehensweise aus Kapitel 7 folgst, kannst du den Ton getrost ignorieren, bis du zum Abschluss deiner Filmproduktion kommst. Soll das Bild aber perfekt mit dem Ton synchronisiert sein (wie es etwa bei einem Musikvideo erforderlich ist), dann musst du vorausplanen und Teile der Tonspur fertigstellen, bevor du auch nur ein einziges Bild aufnimmst.

Ob du nun improvisierst oder planst, die Grundlagen der Tongestaltung sind immer dieselben. Es gibt drei grundlegende Arten von Tönen und verschiedene Möglichkeiten, sie aufzunehmen oder anderweitig zu beschaffen.

Verschiedene Arten von Tönen

- **Musik:** Musik kann einer Szene eine Stimmung verleihen und dem Publikum vermitteln, was in einer Figur vor sich geht. Actionszenen wie beispielsweise Autoverfolgungsjagden sind gewöhnlich mit einer schnellen, treibenden Musik unterlegt, psychologisch intensive Szenen dagegen eher mit einer langsameren, leiseren.

- **Geräusche:** Das sind all die Töne, die Fahrzeuge, Tiere, Maschinen, Wettererscheinungen, Explosionen usw. von sich geben. Geräusche können die Handlung auf dem Bildschirm betonen, dem Publikum aber auch mitteilen, was außerhalb des Bildausschnitts passiert. Ein zeitlich gut abgestimmter Geräuscheffekt kann die Wirkung einer Handlung verstärken. Wenn eine Figur einer anderen einen Boxhieb versetzt, ohne dass es ein entsprechendes Geräusch gibt, wirkt das auf das Publikum eher unrealistisch.

- **Dialog:** Wenn Figuren in einem Film sprechen (mit sich selbst, miteinander oder unmittelbar an das Publikum gewandt), wird dies als *Dialog* bezeichnet. Einige Filme enthalten sehr viel Dialog, andere gar keinen.

Ton aufnehmen

Den Ton solltest du nach Möglichkeit selbst aufnehmen. Das gibt dir nicht nur Gelegenheit, in einem weiteren Medium kreativ tätig zu sein, sondern stellt auch sicher, dass du die Rechte an deinem gesamten Film hast. Viele alltägliche Gegenstände eignen sich, um Geräuscheffekte zu erzeugen, und du kannst Freunde und Verwandte bitten, deinen Figuren ihre Stimmen zu leihen. Als Erstes aber musst du ein »Aufnahmestudio« einrichten.

Ein Kabuff ist hervorragend als Aufnahmestudio geeignet.

Während Digitalkameras praktisch von selbst gute Bilder machen, kann es ziemlich schwierig werden, einen guten Ton hinzubekommen. Aus diesem Grund ist es wichtig, den Ton zu prüfen, damit du auch nur das aufnimmst, was auch wirklich zu hören sein soll. Dazu musst du dein Mikrofon und deinen Computer in dem ruhigsten Raum aufstellen, den du finden kannst, z. B. einem Schlafzimmer oder Büro mit Teppichboden oder einer Abstellkammer. Die folgenden Tipps helfen dir, unerwünschte Geräusche zu unterbinden:

- Nimm den Ton nicht in einer Umgebung auf, in der es Störgeräusche gibt, z. B. laute Computerventilatoren, Küchengeräte, Haustiere usw.
- Stopfe eine Decke in die untere Türritze, um die Geräusche aus anderen Räumen zu dämpfen.
- Um Hall zu verhindern, decke die Wände mit weichem Material ab, z. B. Bettlaken, Kissen oder Vorhängen.
- Setze dich in einen Stuhl, der nicht quietscht.
- Verwende bei der Aufnahme von Dialog einen Windschutz, um unerwünschte Geräusche aus deinem Mund zu unterdrücken.
- Halte dein Gesicht ca. 15 cm vom Mikrofon entfernt.

Um den Ton aufzuzeichnen, kannst du eine Voice-Memo-App auf dem Smartphone oder eine Desktop-Software wie Audacity oder Pro Tools verwenden.

Musik

Die Musik für deinen Film selbst zu komponieren, verleiht dem fertigen Werk einen ganz besonderen Charakter (sofern du das Talent dazu hast oder jemand kennst, der das für dich tun kann). Komponisten können sich musikalische Themen ausdenken, wenn sie eine Animation sehen, aber es ist am besten, mit der Komposition zu warten, bis der Film komplett aufgenommen und geschnitten ist. Dadurch kann die Musik perfekt auf die Handlung auf dem Bildschirm abgestimmt werden. Wenn die Partitur fertig ist, kannst du die Musik in deinem Tonstudio mit richtigen Instrumenten aufnehmen oder mit einem Computerprogramm wie GarageBand synthetisch erzeugen.

Geräusche

Die Geräuschemacher beim Film versuchen nicht, Originalgeräusche aufzunehmen, sondern erzeugen mithilfe alltäglicher Gegenstände ähnliche Geräusche. Beispielsweise simulieren sie ein Explosionsgeräusch, indem sie ein schweres Buch auf einen Tisch fallen lassen, anstatt das Mikrofon neben eine Bombe zu halten.

Auch mit LEGO-Steinen kannst du Geräusche machen. Um es regnen zu lassen, kannst du viele kleine runde Grundplatten auf einen Tisch schütten. Für Schritte kannst du versuchen, einen langen Stein gegen eine große, flache Grundplatte zu schlagen. Nimm auch andere Alltagsgegenstände wie Gummibänder, Holzblöcke oder Besteck hinzu, um Geräusche zu machen.

Dialog

Wenn du Dialoge aufnimmst, musst du versuchen, dich in deine Figur hineinzuversetzen. Was denkt und was fühlt sie, während sie ihre Sätze sagt? Versuche auch, einen Satz oder einen Geräscheffekt in mehreren verschiedenen Varianten aufzunehmen und dir später die beste Version herauszupicken. Scheue dich auch nicht davor, vom Drehbuch abzuweichen – einige der denkwürdigsten Sätze der Filmgeschichte wurden improvisiert.

Suche in deiner Sammlung nach Elementen, die interessante Geräusche machen, wenn du auf sie klopfst, über sie kratzt oder sie fallen lässt, und nutze sie, um damit eigene Geräuscheffekte zu gestalten.

Geräuscheffekte von Dritten nutzen

Im Internet ist es sehr einfach, an alle möglichen Arten von Geräuscheffekten zu kommen. Du kannst praktisch jedes Lied und jeden denkbaren Geräuscheffekt rasch finden. Wenn es möglich ist, eine Klangdatei herunterzuladen und in dein Bearbeitungsprogramm zu importieren, heißt das aber noch lange nicht, dass du auch die Berechtigung hast, diesen Klang in deinem Film zu nutzen (nicht einmal, wenn du für diese Datei bezahlt hast).

Wir wollen uns hier nicht auf das Minenfeld des Urheberrechts begeben (schließlich sind wir Filmemacher und keine Anwälte). Eine gute Faustregel lautet, von anderen erstellte Klänge ausschließlich dann zu verwenden, wenn du die ausdrückliche, schriftliche Berechtigung dazu hast oder für eine tantiemenfreie Nutzung bezahlt hast. Bei vielen Filmwettbewerben wirst du disqualifiziert, wenn du Audiomaterial verwendest, für das du nicht die Rechte hast. Plattformen wie YouTube entfernen Filme, die copyrightgeschützte Musik enthalten.

Zum Glück gibt es viele großzügige Künstler, die ihre Geräuscheffekte und Musik zur kostenlosen Nutzung bereitstellen. Auf der Website zu diesem Buch (*https://www.nostarch.com/legoanimation/*) haben wir einige unserer bevorzugten Quellen für kostenlose Geräuscheffekte aufgeführt.

Schnitt

Beim Schnitt arrangierst du das Rohmaterial deines Films – Bild, Ton und digitale Effekte – zu einem nahtlosen fertigen Produkt. Wenn du deine erste Animation erstellst (nach der Vorgehensweise aus Kapitel 1), ist wahrscheinlich nicht viel Schneidearbeit erforderlich. Aber je aufwendiger deine Filme werden, umso wichtiger wird der Schnitt.

Der Schnitt eines Films umfasst viele Schritte, die du allerdings in verschiedenen Reihenfolgen durchführen kannst. Bei der spielerischen Vorgehensweise aus Kapitel 7 findet der Großteil des Schnitts am Ende der Produktion statt, nachdem du die Stop-Motion-Arbeit abgeschlossen hast, bei der geplanten Vorgehensweise dagegen schon vor Beginn der Animation, nämlich in der Storyboard- und Animatic-Phase.

Unabhängig davon, wie du vorgehst, musst du immer daran denken, dass der Schnitt ein fortlaufender Prozess ist, der sich durch die gesamte Produktion deines Films zieht. Du wirst immer wieder irgendetwas herausschneiden, was nicht funktioniert, und dabei etwas anderes hinzufügen. Angehenden Schnittmeistern empfehlen wir die folgende Vorgehensweise:

Schritt 1: Mach dich mit der Software vertraut

Wie bereits in Kapitel 6 erwähnt, solltest du mit der einfachsten und billigsten Schnittsoftware anfangen, um die Grundlagen zu lernen. (Für Anfänger sind iMovie und Windows Movie Maker hervorvorragend geeignet, während Experten besser zu Final Cut X und Adobe Premiere Pro greifen.) Nachdem du dich für ein Programm entschieden hast, solltest du zunächst einige Zeit damit verbringen, seine Funktionsweise kennenzulernen. Manche Programme weisen einzigartige Funktionen auf, aber die meisten verfügen über die folgenden gemeinsamen Merkmale:

- **Bibliothek:** Dieses Fenster enthält eine Aufstellung der Inhalte, die du importiert hast (Video, Ton und Einzelbilder). Es kann auch als *Projekt*, *Medien* oder *Filmmaterial* bezeichnet sein. In manchen Programmen wird die Bibliothek als Liste in Textform angezeigt, in anderen als Sammlung grafischer Elemente. Du kannst die einzelnen Clips von hier in die Zeitachse ziehen, um sie deinem Film hinzuzufügen.

- **Zeitachse (Timeline):** Hier stellst du deinen Film zusammen. Die Zeitachse ist eine grafische Darstellung aller Clips, die du deinem Film hinzugefügt hast, angeordnet in der Reihenfolge, in der sie wiedergegeben werden. In manchen Programmen wird die Zeitachse als *Sequenz* bezeichnet. Um die Reihenfolge zu ändern, in der die Handlungen in deinem Film ablaufen, ordnest du die Clips in der Zeitachse um. Sehr oft werden Video- und Audioelemente in zwei parallelen Zeitachsen dargestellt, mit dem Bild oben und dem Ton unten.

- **Viewer:** Das Viewerfenster zeigt eine Vorschau dessen, was an der aktuellen Position in der Zeitachse zu sehen ist, oder des ausgewählten Einzelbilds in der Bibliothek. Gewöhnlich verfügt dieses Fenster über eine Wiedergabeschaltfläche, sodass du dir den aktuellen Clip oder die Sequenz ansehen kannst.

- **Sonstige Merkmale:** Manche Programme verfügen über ein *Inspektor*- oder *Info*-Fenster, in dem du die Eigenschaften des zurzeit ausgewählten Clips ändern kannst (Größe, Geschwindigkeit, Position usw.). Bei anderen Programmen lassen sich diese Eigenschaften direkt im Viewer anpassen. Viele Programme verfügen auch über eine *Symbolleiste*, in der du die verschiedenen Werkzeuge zum Kürzen von Clips, Ändern der Tonhöhe usw. auswählen kannst.

Bibliothek   **Zeitachse (Timeline)**   **Viewer**

Die meisten Schnittprogramme verfügen über eine Bibliothek, eine Zeitachse und einen Viewer. In dieser Abbildung siehst du diese Elemente in iMovie. Anspruchsvollere Programme haben noch weitere Abschnitte und Symbolleisten.

Schritt 2: Filmmaterial importieren

Nachdem du deine Animationen aufgenommen hast, musst du das Filmmaterial in deine Schnittsoftware übertragen. Wie du dazu im Einzelnen vorgehen musst, hängt von deiner Kamera und der Software ab.

Wenn du ein Stop-Motion-Programm verwendest, sollte es möglich sein, jede einzelne Aufnahme von dort zu exportieren und in die Schnittsoftware zu importieren, so du die Sequenz dann aus den einzelnen Bildern aufbauen kannst. Eine weitere Möglichkeit besteht darin, die einzelnen Bilder mithilfe eines Sequenzierungsprogramms in Videodateien umzuwandeln und diese dann in die Schnittsoftware zu importieren.

Viele Programme verfügen über ein besonderes Importfenster, um Dateien in die Projektbibliothek aufzunehmen. Es kann auch möglich sein, Dateien von einem Dateiordner auf deinem Computer direkt in die Zeitachse zu ziehen.

Schritt 3: Die Aufnahmen in die richtige Reihenfolge bringen

Wie wir in Kapitel 7 bereits gesehen haben, kann es vorkommen, dass du die einzelnen Einstellungen deines Films in einer anderen Reihenfolge aufnimmst als derjenigen, in der sie später gezeigt werden sollen. Nach dem Importieren dieser Aufnahmen musst du sie daher in die endgültige Reihenfolge bringen. Bei der geplanten Vorgehensweise hast du bereits ein Animatic oder eine nummerierte Liste von Einstellungen erstellt, an der du dich nun orientieren kannst. Hast du die Geschichte dagegen bei der spielerischen Vorgehensweise während der Aufnahme ausgearbeitet, musst du nun entscheiden, wie du die Einstellungen anordnest. Probiere verschiedene Varianten aus und spiele sie ab. Frage dich dabei immer, ob das Publikum verstehen kann, was vor sich geht.

> Wenn du die geplante Vorgehensweise befolgst, hast du Schritt 3 und 4 schon während der Storyboard- und Animatic-Phase vor Beginn der Animation erledigt.

Bei der Arbeit an *The Magic Picnic* haben wir Einstellungen mit ähnlichem Aufbau zusammen aufgenommen und sie dann später beim Schnitt in die Reihenfolge gebracht, in der wir die Geschichte erzählen wollen.

Aufnahmereihenfolge

Halbnahaufnahme der Figuren | Nahaufnahme der Decke | Totale der Landschaft

Erzählreihenfolge

Schritt 4: Einstellungen kürzen und Überflüssiges entfernen

Nachdem du die einzelnen Aufnahmen in die Erzählreihenfolge gebracht hast, schau dir den Film mehrere Male von Anfang bis Ende an. Achte dabei auf das Tempo und den Fluss der Geschichte. Trägt jede Einstellung zu der Geschichte bei oder wäre die Handlung auch dann verständlich, wenn du einzelne Einstellungen kürzt oder ganz entfernst? Vielleicht muss die Totale, in der jemand die Straße entlanggeht, nur fünf Sekunden lang sein statt acht. Es tut weh, eine Animation wegzuschneiden, in die du viel Zeit und Arbeit investiert hast, aber wenn sie nichts zu der Geschichte beiträgt, kann sie das Publikum verwirren oder langweilen.

Um zu verstehen, was vor sich geht, müssen wir uns nicht komplett ansehen, wie David zum Kino spaziert. Auf Einstellung 1 und 2 können wir gut verzichten.

Übergänge – wie hier die klassische Star-Wars-Wischblende – können einen Ortswechsel oder das Vergehen der Zeit zwischen zwei Einstellungen andeuten.

Schritt 5: Übergänge hinzufügen

Nachdem du die einzelnen Einstellungen in die richtige Reihenfolge gebracht und überschüssiges Material entfernt hast, kannst du dem Film durch Übergänge und optische Effekte noch etwas mehr Pep verleihen.

Ein *Übergang* dient dazu, zwei Einstellungen so zu verbinden, dass das Publikum versteht, wie sie zusammenhängen und wie die Geschichte abläuft. Der Standardübergang ist ein *harter Schnitt*, also der abrupte Wechsel von einer Einstellung zur nächsten. Es gibt jedoch noch andere Arten von Übergängen. Sie werden zwar nicht so häufig eingesetzt, können dem Publikum aber zusätzliche Informationen geben oder eine Stimmung vermitteln.

- Bei einer *Überblendung* (*Crossfade*) wird ein Bild aus- und das nächste darüber eingeblendet. Dies kann auf einen Zeitverlauf oder einen Ortswechsel hindeuten.
- Eine *Blende* ist eine Variante einer Überblendung, gewöhnlich zu einer einzelnen Farbe, oft Weiß oder Schwarz. Ein solcher *Schwarzschnitt* wirkt wie ein filmisches Ausrufezeichen. Es kennzeichnet das Ende einer längeren Szene und den Beginn einer neuen. Das anschließende Einblenden von Schwarz wirkt wie ein Sonnenaufgang und teilt dem Publikum mit, dass ein neuer Tag anbricht oder ein neues Kapitel der Geschichte beginnt. Ausblenden nach oder Einblenden von Weiß vermittelt einen Eindruck von Ruhe oder einer traumartigen Situation.

- Bei der *Wischblende* (*Wipe*) erfolgt der Wechsel von einem Bild zum nächsten entlang einer geraden Linie oder in einer geometrischen Form. Diese Art von Übergang kann das Vergehen der Zeit oder einen Ortswechsel andeuten. Das kann horizontal, vertikal oder sternförmig geschehen oder in einer uhrzeigerähnlichen Bewegung ablaufen.
- Eine besondere Form der Wischblende ist die *Irisblende*, bei der eine Aufnahme über einen schrumpfenden oder sich ausdehnenden Kreis in die andere eingeblendet wird, ähnlich der Form der Irisblende an einer Kamera. Der Mittelpunkt dieses Iriseffekts kann die Aufmerksamkeit auch auf eine bestimmte Einzelheit oder Figur lenken.

Überblenden

Blende durch Schwarz

Wischblende

Irisblende

Schritt 6: Digitale Effekte hinzufügen

Als Nächstes kannst du digitale Effekte hinzufügen, um das Erscheinungsbild deiner Aufnahmen zu ändern. Beispielsweise ist es möglich, das Bild spiegelverkehrt darzustellen, es durch einen Filter in Schwarz-Weiß umzuwandeln, Stützkonstruktionen (siehe Kapitel 2) zu kaschieren oder digital einen Mund auf deine Figuren zu zeichnen. Die einzigen Grenzen setzen deine Vorstellungskraft, deine Fertigkeiten und die Zeit, die dir zur Verfügung steht.

Jetzt ist es auch an der Zeit, das Bild zu korrigieren. Beispielsweise kannst du die Farben anpassen, um sie lebendiger zu machen, oder Zoom-, Beschnitt- und Schwenkeffekte hinzufügen, um den Eindruck einer Kamerabewegung hervorzurufen oder eine Verschiebung der Kulisse zu kaschieren. Solche Effekte können sehr subtil sein, tragen aber sehr stark zur Wirkung des fertigen Films bei. Wenn die Kamera den Film nicht in dem gewünschten Seitenverhältnis aufgenommen hat (siehe Kapitel 8), bietet sich jetzt die Gelegenheit, auch dies zu korrigieren.

Digitale Effekte können das Erscheinungsbild einer Aufnahme drastisch ändern.

Original

Gespiegelt

Fischauge

Schwarz-Weiß

Schritt 7: Vor- und Abspann hinzufügen

Schließlich solltest du deinem Film auch einen Vor- und Abspann hinzufügen, um dem Publikum mitzuteilen, wie der Film heißt und wer daran mitgewirkt hat. Die meisten Schnittprogramme bieten Funktionen, um einen einfachen Vor- und Abspann in Textform hinzuzufügen. Dabei kannst du Schriftart, -größe und -farbe direkt in dem Programm ändern. Es ist auch möglich, Untertitel einzublenden, wenn eine Figur in einer Sprache spricht, die das Publikum nicht versteht.

Wie jeder andere Aspekt der Filmproduktion bietet auch die Gestaltung des Vor- und Abspanns eine Gelegenheit, kreativ zu werden und dem Publikum wichtige Informationen zu vermitteln. Farbe und Schriftart des Vorspanns stimmen bereits auf die Natur des Films ein.

Der Stil des Vorspanns gibt bereits die Stimmung des Films an – ernst oder heiter, einfach oder anspruchsvoll.

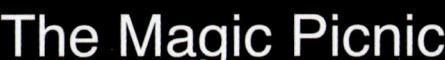

Schritt 8: Musik und Geräusche hinzufügen

Nachdem du die Arbeit in der Videozeitachse abgeschlossen hast, musst du dich als Nächstes mit der Audiozeitachse beschäftigen. Ziehe die Audiodateien aus der Bibliothek in die Zeitachse und richte sie an der Handlung im Bild aus. Beispielsweise musst du darauf achten, dass das Quakgeräusch genau dann einsetzt, wenn die Ente ihren Schnabel öffnet. Verschiebe den Ton dabei einige Einzelbilder nach vorn oder hinten, um auszuprobieren, in welcher Position er am besten zum Bild passt.

Manchmal muss ein Ton auch schon einsetzen, bevor die entsprechende Handlung sichtbar wird, oder erst nach ihr aufhören, um dem Publikum mitzuteilen, was außerhalb des Bildausschnitts vor sich geht. Wenn beispielsweise eine Figur von einer anderen weggeht, ist es sinnvoll, die Schritte weiterhin hören zu lassen, auch wenn das Bild von der gehenden Figur zu derjenigen wechselt, die zurückbleibt. Das Geräusch der Schritte ist schließlich nach wie vor vorhanden, da sich der Gehende in Hörweite der Kamera befindet, auch wenn er nicht mehr im Bild ist.

Wenn du deinen Film mit Musik versiehst, solltest du auch Audioübergänge einfügen, sodass der Klang passend zur Handlung im Bild ein- und ausgeblendet wird. Dialog im Film muss mit den Bewegungen der Figuren synchron sein. Um den Ton besser anzupassen, kannst du versuchen, einen Videoclip um einige Einzelbilder zu kürzen oder zu verlängern.

Matts Schritte sind auch dann noch hörbar, wenn er den Bildausschnitt verlassen hat.

Den Dialog als Letztes hinzuzufügen, bedeutet für dich wahrscheinlich, das Pferd von hinten aufzuzäumen, wenn du ebenso ein Planer bist wie ich. Gewöhnlich ist die Dialogspur das Erste, was ich zusammenstelle. Danach animiere ich die Figuren passend zum Dialog.

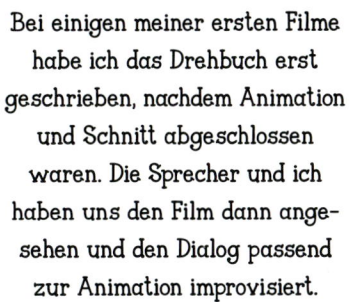

Bei einigen meiner ersten Filme habe ich das Drehbuch erst geschrieben, nachdem Animation und Schnitt abgeschlossen waren. Die Sprecher und ich haben uns den Film dann angesehen und den Dialog passend zur Animation improvisiert.

Postproduktion für Fortgeschrittene

In der Postproduktionsphase kannst du erstaunliche digitale Effekte erzielen. Allerdings erfordern viele davon ausgeprägte Fertigkeiten und viel Handarbeit. Die Techniken, die wir auf den folgenden Seiten vorführen, sind nichts für Anfänger. Wenn du noch nicht viel Erfahrung mit Postproduktionssoftware hast, sind sie wahrscheinlich noch zu kompliziert für dich. Wenn du die einfachen Techniken beherrschst, kannst du versuchen, einige dieser anspruchsvolleren auszuprobieren. Bis dahin solltest du auf die in Kapitel 4 besprochenen Effekte mithilfe von LEGO-Steinen zurückgreifen.

»Keine Sorge, Matt, wir korrigieren das in der Postproduktion … mit MAGIE!«

Durch Überlagern und Ändern der Größe der Clips in einem Video-schnittprogramm kannst du zwei Aufnahmen zu einer kombinieren.

Compositing

Beim *Compositing* animierst du zwei oder mehr Elemente getrennt voneinander und kombinierst sie anschließend, sodass es so aussieht, als ob sie sich in ein und derselben Aufnahme befinden. Das Publikum sollte nach Möglichkeit nicht bemerken, dass du so vorgegangen bist. Das Ender-gebnis sollte möglichst natürlich wirken.

Wenn du einfache, rechteckige Clips kombinierst, kannst du sie gewöhnlich einfach übereinanderlegen, beschneiden und ihre Größe anpassen. Um eine Figur in Bewegung mit einem komplett anderen Hintergrund zu kombinieren, brauchst du jedoch einen Greenscreen und die Chromakey-Technik.

Der sogenannte *Greenscreen* muss dabei nicht unbe-dingt grün sein. Du kannst jede beliebige Farbe dafür verwenden und musst dabei nur darauf achten, dass diese Farbe in keinem der Objekte vorkommt, die du in der Aufnahme filmst. Wenn du beispielsweise einen grünen Drachen aufnimmst, solltest du einen blauen oder rosafar-benen Hintergrund wählen.

Nachdem du den Clip in deine Schnittsoftware impor-tiert hast, kannst du die Hintergrundfarbe mit dem *Chro-makey*-Videoeffekt entfernen. Dabei wird die angegebene Farbe transparent gemacht, sodass du die Figur im Vorder-grund anschließend mit jedem beliebigen Hintergrund kombinieren kannst: Der neue Hintergrund scheint dann durch die transparenten Bereiche des Chromakey-Clips hindurch.

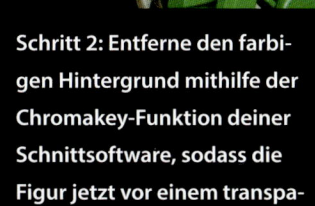

Schritt 1: Filme deine Figur vor einem Hintergrund mit einer Farbe, die sich einfach entfernen lässt, hier Blau.

Schritt 2: Entferne den farbigen Hintergrund mithilfe der Chromakey-Funktion deiner Schnittsoftware, sodass die Figur jetzt vor einem transparenten Hintergrund steht.

Schritt 3: Filme den neuen Hintergrund.

Schritt 4: Kombiniere die Figur mit dem neuen Hintergrund.

Vorbereitungen zur lippensynchronen Vertonung

Wenn du zur lippensynchronen Vertonung die Technik der Ersetzungsanimation verwenden möchtest (siehe Kapitel 2), solltest du zuvor einige Vorbereitungen treffen, um herauszufinden, welche Mundform du in den einzelnen Bildern der Animation benötigst. Das kannst du in den meisten Animationsprogrammen tun, indem du den Audioclip mit dem Dialog und die Einzelbilder der Gesichtsformen importierst. Du kannst dann die Gesichtsformen den entsprechenden Einzelbildern zuweisen und dir dann eine Vorschau davon ansehen. Dabei musst du nicht jeden

einzelnen Laut mit einer eigenen Mundform begleiten. Tatsächlich sieht die Mundanimation viel natürlicher aus, wenn du einzelne Silben oder Laute auslässt.

Wenn du bereit zur Animation bist, kannst du dann schon an deinem X-Sheet ablesen, welche Mundformen du für welche Einzelbilder benötigst. Du brauchst dann nur noch dieser Anleitung zu folgen und nacheinander die richtigen Mundformen für die einzelnen Momente zu verwenden.

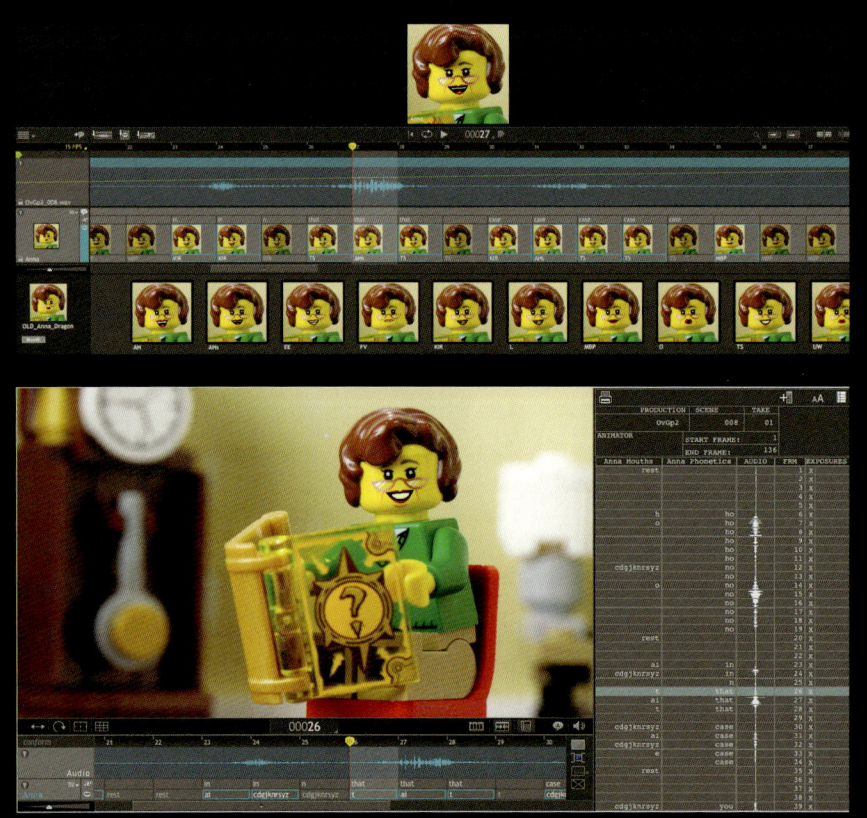

Viele Stop-Motion-Programme ermöglichen es dir, die Mundformen schon vor der Animation auf den Ton abzustimmen.

Wenn du die lippensynchrone Vertonung gut vorbereitet hast, brauchst du dich bei der Animation nur noch an die Angaben zur Mundform in deinem X-Sheet zu halten.

Digitale Gesichtsanimation

Einer der anspruchsvollsten digitalen Effekte beim Erstellen von Brickfilmen ist die *digitale Gesichtsanimation*, also das digitale Hinzufügen von Gesichtsausdrücken Einzelbild für Einzelbild. Diese Technik gibt dir die volle Kontrolle über die Mimik deiner Minifiguren, aber sie erfordert sehr viel Arbeit und viel Erfahrung.

Am häufigsten wird die digitale Gesichtsanimation für die lippensynchrone Vertonung eingesetzt, aber du kannst deine Figuren damit auch Gefühle ausdrücken lassen, ohne dass sie ein Wort sagen. Ein hervorragendes Beispiel dafür ist der Film *A Fixed System* von Aaron Fisher.

Bei der digitalen Gesichtsanimation gehst du wie folgt vor:

1. **Sieh bereits bei der Animation die digitalen Effekte vor.** Bei der Planung der digitalen Gesichtsanimation musst du darauf achten, was du mit dem Kopf der Figur machst. Je mehr er sich bewegt, umso schwieriger wird es, digitale Effekte hinzuzufügen. Am einfachsten geht es, wenn die Figur gerade in die Kamera blickt und ihren Kopf nicht bewegt. Falls du sämtliche Elemente des Gesichts animieren willst, musst du den Kopf der Figur beim Filmen durch einen blanken Kopf ersetzen.

Für die erste Einstellung von *The Magic Picnic* haben wir Annas Mund passend zu ihrem Dialog animiert. Der Einfachheit halber haben wir sie dabei so gefilmt, dass sie direkt in die Kamera blickt und stillsitzt.

2. **Erstelle einen Satz von digitalen Gesichtern oder Gesichtselementen.** Verwende dazu die Grafiksoftware, mit der du am besten vertraut bist (wir nehmen Adobe Illustrator). Zeichne darin die verschiedenen Gesichtselemente, die du animieren möchtest. Am besten gestaltest du sie als Vektorgrafiken mit transparentem Hintergrund. Von der Begleitwebsite auf *https://www.nostarch.com/legoanimation/* kannst du einen Satz von Mundformen herunterladen, die wir für Anna gezeichnet haben.

3. **Kombiniere die Gesichtselemente mit dem Shot.** Dazu kannst du die Gesichtselemente entweder als Einzelbildnachweise in einem Bildbearbeitungsprogramm hinzufügen oder die Compositing-Funktion deines Videoschnittprogramms verwenden – was dir lieber ist. Das Compositing in einem Videoschnittprogramm wie Adobe After Effects bietet jedoch den Vorteil, dass du die Gesichtselemente an den Köpfen deiner Figuren ausrichten kannst, ohne sie neu zeichnen zu müssen.

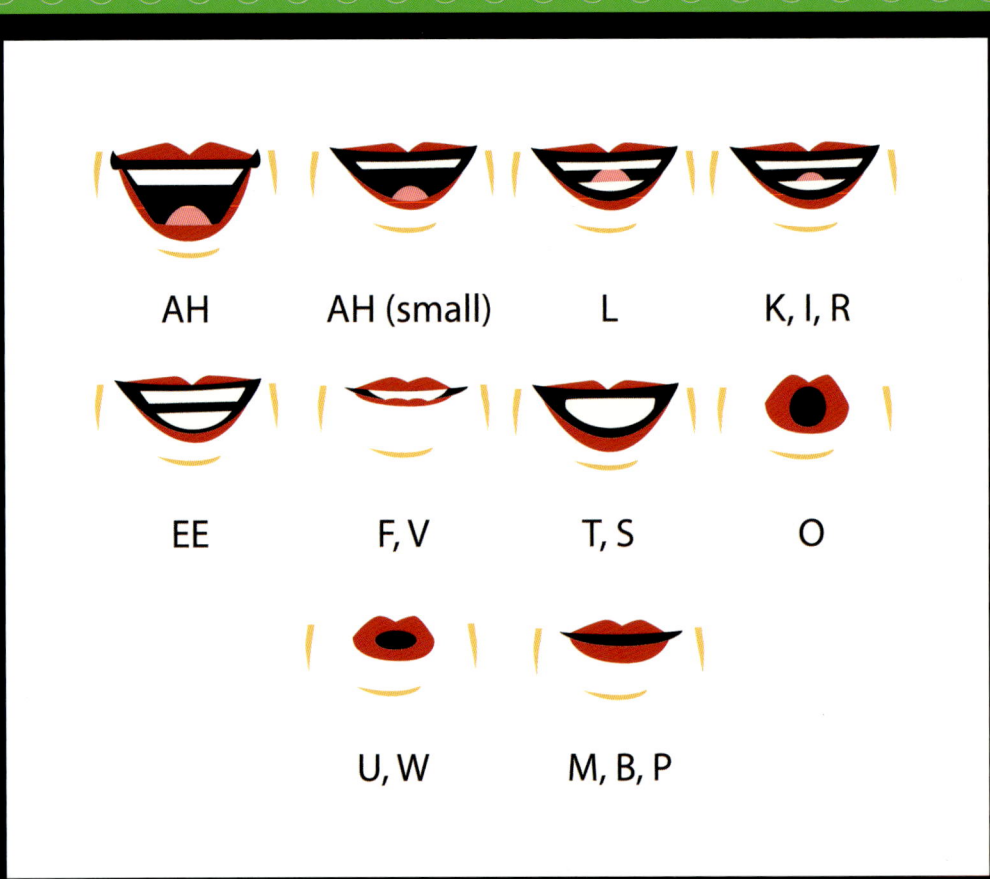

AH   AH (small)   L   K, I, R

EE   F, V   T, S   O

U, W   M, B, P

Da wir nur Annas Mund animieren wollen, haben wir lediglich diesen Teil ihres Gesichts digital gezeichnet.

Deinen Film veröffentlichen

Wenn der Film endlich großartig aussieht und klingt, ist es an der Zeit, ihn aller Welt vorzuführen!

- Exportiere den Film in der Schnittsoftware als qualitativ hochwertige Videodatei. Diese Datei kannst du nutzen, um deinen Film in vielen verschiedenen Formaten öffentlich bereitzustellen – auf DVD und Blu-ray, auf YouTube, Vimeo usw.

- Du kannst Freunde und Verwandte zur Premiere bei dir zu Hause einladen. Nichts ist besser, als deinen Film zusammen mit vielen anderen Menschen anzusehen. (Vergiss nicht das Popcorn!)

- Halte nach Festivals und Wettbewerben Ausschau, bei denen du deinen Film einreichen kannst. Es gibt sogar Festivals und Wettbewerbe ausschließlich für Brickfilme! Auf der Website zu diesem Buch haben wir einige davon aufgeführt (*https:///www.nostarch.com/ legoanimation/*).

- Wenn du vorhast, deinen Film online zu veröffentlichen, solltest du auch an Werbematerial wie Filmposter, einen Trailer und eine kurze Handlungsübersicht denken. Das kann dir helfen, mehr Zuschauer anzulocken.
- Stelle deinen Film anderen Brickfilmern vor, um kritische Rückmeldung zu erhalten (siehe dazu auch die Liste von möglichen Websites und Foren auf der Begleitwebsite zu diesem Buch).

Ich gebe meine Filme gern auf VHS-Bändern weiter. Das ist das Format der Zukunft!

Ich muss nur auf eine einzige Schaltfläche tippen, um Tausende von Menschen in aller Welt auf meinen neuen Film aufmerksam zu machen. Ich hoffe, sie werden die vielen Fehler nicht bemerken.

Schlusswort

Damit sind wir am Ende angelangt. Du hast deinen ersten Film gedreht – oder zumindest ein weiteres Buch von deiner Leseliste gestrichen. Vielleicht fragst du dich jetzt: Wie mache ich nun weiter? Was soll ich studieren, wenn ich Filmemacher von Beruf werden möchte? Muss ist erst Hunderte von Filmen drehen, bevor ich mich offiziell als Animator bezeichnen darf?

Unserer Meinung nach bist du das, was du tust. Wenn du Filme animierst, bist du ein Animator. Wenn du Filme machst, bist du ein Filmemacher. Jeder, der Kunstwerke irgendeiner Form hervorbringt, ist ein Künstler. Dazu gehörst nun auch du! Willkommen im Club!

Künstler zu sein bringt die Verpflichtung mit sich, bei der kreativen Arbeit gewissenhaft vorzugehen. Sowohl Churchill als auch Onkel Ben aus Spiderman hatten recht: »Auf große Macht folgt große Verantwortung!« Du hast jetzt die Macht, Kunstwerke herzustellen, die die Gedanken und Gefühle anderer Menschen beeinflussen. Werden deine Filme die Menschen zum Denken anregen? Werden sie sie erfreuen und überraschen? Nutze deine Macht für gute Zwecke, um die Welt schöner zu gestalten.

Alle Animatoren und Filmemacher sind kreative Menschen, ebenso wie Maler, Bildhauer, Musiker, Kosmetiker usw.

Kritik geben und empfangen

Wenn du als Künstler Fortschritte machst, wirst du anderen kritische Rückmeldung geben und auch selbst erhalten. Das ist ein wichtiger Teil der kreativen Entwicklung, wenn er auch manchmal peinlich oder schmerzhaft sein kann. Konstruktive Kritik zu geben ist jedoch eine erlernbare Fähigkeit und fällt mit zunehmender Erfahrung immer leichter.

Wenn du anderen Rückmeldung gibst, überlege dir, wie du dich fühlen würdest, wenn du der Empfänger wärest. Denke daran, dass es genauso wichtig ist, die Dinge anzusprechen, die dir gefallen haben (»Die schauspielerischen Leistungen der Sprecher und die überraschenden Wendungen in der Handlung waren großartig!«), wie diejenigen, die nicht so gut funktioniert haben (»Ich habe da ein Flackern bei der Beleuchtung bemerkt.«). Die »Sandwich-Technik« hat sich dazu bewährt: Beginne und beende deine Kritik mit positiven Kommentaren, sodass sich der Künstler unterstützt und nicht angegriffen fühlt.

Wir empfehlen dir, deine Filme schon während der Dreharbeiten mit deinen Freunden zu besprechen, damit du rechtzeitig Rückmeldung darüber erhältst, was funktioniert und was nicht, bevor der Film fertig ist. Nimm Kritik an deinen Werken nicht persönlich. Denke auch immer daran, dass du nicht mit jeder Meinung übereinstimmen musst. Wenn du eine Kritik nicht als hilfreich empfindest, dann ignoriere sie getrost. Ist sie dagegen hilfreich, dann überlege dir, wie du die angesprochenen Punkte verbessern kannst, und bedanke dich bei der Person, die dich darauf aufmerksam gemacht hat.

Sowohl Tomaten als auch Kritik lassen sich besser in einem Sandwich goutieren, als wenn sie direkt auf einen geworfen werden.

Wie geht es weiter?

In diesem Buch haben wir die verschiedenen Facetten der Filmherstellung vorgestellt. Welcher Teil hat dich am meisten angesprochen?

Wenn es dir Spaß macht, dir Geschichten auszudenken und zu schreiben (Kapitel 7), kannst du dich mit kreativem Schreiben, Drehbuchschreiben oder einem ähnlichen Fall beschäftigen, z. B. vergleichender Literaturwissenschaft. Liegt dir die Kinematografie mehr am Herzen (Kapitel 8), kannst du dich der traditionellen Fotografie, Videografie oder ganz allgemein der Filmherstellung widmen. Hast du besonderen Spaß an der Postproduktion (Kapitel 9), kannst du dich auf Videoschnitt, optische Effekte oder Computergrafik konzentrieren. Ein besonders schöner Aspekt der Filmherstellung besteht darin, dass dafür sowohl technische als auch geisteswissenschaftliche Fähigkeiten gefragt sind – Kenntnisse in Mathematik, Physik und Anatomie sind genauso hilfreich wie Sprachen, Philosophie und Schauspielkunst.

Wenn du insbesondere mehr über LEGO-Animation lernen möchtest, findest du zahlreiche Quellen online. Unsere bevorzugte Online-Community ist *Bricks in Motion*. Auf der Website zu diesem Buch (*https://www.nostarch.com/lego-animation/*) haben wir viele weitere Quellen aufgeführt. Außerdem führen wir das Blog *The Set Bump*, in dem wir dich auf bemerkenswerte LEGO-Animationen, Brickfilm-Wettbewerbe und andere interessante Dinge aufmerksam machen.

Weitere interessante Bücher zu diesem Thema sind u. a. *The Illusion of LIfe: Disney Animation* von Frank Thomas und Ollie Johnston, *The Animator's Survival Kit* von Richard Williams und *Brick Flicks* von Sarah Herman.

Viel Spaß!

Dir viel Spaß bei der Herstellung von Filmen mithilfe von *Spielzeug* zu wünschen, scheint überflüssig zu sein, aber bei einem langen, anspruchsvollen Projekt kann es vorkommen, dass dich die Arbeit erschöpft und dir gar nicht mehr bewusst ist, warum du überhaupt damit angefangen hast, Filme zu machen. Daher ist es durchaus sinnvoll, es noch einmal ausdrücklich zu sagen: Brickfilme herzustellen soll Spaß machen!

Das gilt unabhängig davon, ob du nun eine Komödie oder einen ernsten Film drehst. Wenn du das Gefühl bekommst, in einer Tretmühle zu stecken, oder keinen Spaß an dem hast, was du gerade machst, versuche etwas anderes zu tun. Ändere die Geschichte, experimentiere mit neuen Animationstechniken oder mach einfach eine Pause, um deinen Kreativitätsakku wieder aufzuladen. Die besten kreativen Arbeiten entstehen aus Enthusiasmus, nicht aus Pflichtgefühl. Oder, anders ausgedrückt: *Viel Spaß beim Spielen!*

> Halt! Das Buch kann doch unmöglich schon zu Ende sein! Wir haben noch nicht über Schärfentiefe gesprochen, über Motion Control, über Schwimmbewegungen ...

> Da hast du recht, David, aber wir haben nur eine begrenzte Seitenzahl zur Verfügung, und d-

Danksagung

Dieses Buch wäre ohne die Beiträge vieler anderer Personen nicht möglich gewesen. Wir möchten unseren Lektoren bei No Starch Press dafür danken, dass sie aus unseren Ideen ein Buch gemacht haben; Valerie Champagne, Erin Natal und Matt Witham für das Bauen, Sortieren, Gestalten, Animieren und mehr; Jennifer und Sam Bourne für die Fotos von uns; Joe Meno für die Veröffentlichung unserer ersten Artikel über LEGO-Animation in *BrickJournal* Nr. 14; Larry Beckler und Mike Walter für ihre Unterstützung, mit der wir offiziell ins Geschäft kommen konnten; Marc-André Caron, thefourmonkeys und Jackson Dame für ihre Beiträge zu *The Set Bump*; Bryan und Kathie Bonahoom für die Veranstaltung von Brickworld (wo wir uns zuerst getroffen und große Teile dieses Buches besprochen haben); Tormod Askildsen, Kevin Hinkle und den anderen Mitgliedern von Community Team dafür, dass sie die Verbindung zwischen den LEGO-Fans und der LEGO-Gruppe hergestellt haben; der Brickfilmer-Gemeinschaft für ihre ständige Unterstützung und Inspiration; und all den Lehrern, die es uns erlaubt haben, Videos zu drehen, wenn wir eigentlich Hausarbeiten machen sollten.

David Pagano: Ich möchte Carol und Lenny danken, die mir gezeigt haben, wie man denkt, lacht, reimt und improvisiert und dass Kunst und Handwerk gleichermaßen wichtig sind; Mark und Chris für über 20 Jahre Hilfe und Schauspielkunst; Alex für ihre unternehmerische Weitsicht; Sean Kenny und seinem Team für Unterstützung und wichtige Einsichten (und dafür, dass sie uns unerhörte Mengen an Steinen geliehen haben); John, Dean, Laura, Phil, Rob, Sonya und allen meinen anderen Professoren und Kommilitonen, die mich erkennen ließen, dass ich sowohl Lernen als auch Lehren liebe; Kathy, Bruce und Steven für erste Arbeitsgelegenheiten und für HQ Legology; Maria und Tony für ihre Einführung in Medien, Kultur und Vertragsverhandlungen; Tante Barbara dafür, dass sie mir meinen ersten LEGO-Kasten geschenkt hat; Abokor als erstes Publikum für Paganomation Home Video; Oma für ihre Unterstützung während meiner verschiedenen beruflichen Irrwege; der Paganomation-Crew – Jeff, Mick, Nelson, Cynthea, Sarah, Joey, Heidi, Steve Andrew, Zach, Katie, Kori, Nat, Tom, Ben und allen, die jemals ihre Hilfe zur Verfügung gestellt haben; meinen Abonnenten, Geldgebern, Followern und Fans; und allen meinen guten Freunden und Verwandten, ob jung oder alt, noch bei uns oder schon von uns gegangen.

David Pickett: Ich möchte Bert für seine Liebe danken und dafür, dass er mich tagtäglich und in allen großen und kleinen Krisen unterstützt; Jack und Linda, die mich seit meiner Geburt auf zahllose Weisen ermutigt haben; Jenny und JP, die meine Kreativität und meinen Sinn für Humor geformt haben; Adam und Jeremy, die mit mir an meiner ersten Animation gearbeitet und mir ihre LEGO-Sammlungen überlassen haben; Eleanor, die mir immer geholfen hat, impraktikable Ideen aufzugeben; Cin dafür, mir zu zeigen, wie ich meine Stimme einsetzen kann; Achy dafür, mich zu lehren, wie man ein Buch gemeinsam erarbeitet; Kitty, die mir beigebracht hat, dass Sprache mehr ist als nur Wörter; Fire Escape Films für die vielen Freunde und Mitarbeiter, die ich gewinnen konnte; und meinem YouTube-Publikum, das mir die finanzielle Freiheit gegeben hat, meinen Traum zu leben.

Index